GONGYINGLIAN KUCUN
YOUHUA GUANLI

供应链库存
优化管理

赵晗 宋士吉 廖钰 著

版权专有　侵权必究

图书在版编目(CIP)数据

供应链库存优化管理 / 赵晗，宋士吉，廖钰著. ——北京：北京理工大学出版社，2021.11

ISBN 978-7-5763-0706-1

Ⅰ. ①供… Ⅱ. ①赵… ②宋… ③廖… Ⅲ. ①供应链管理-库存 Ⅳ. ①F253

中国版本图书馆 CIP 数据核字(2021)第 238390 号

出版发行 /	北京理工大学出版社有限责任公司
社　　址 /	北京市海淀区中关村南大街 5 号
邮　　编 /	100081
电　　话 /	(010)68914775（总编室）
	(010)82562903（教材售后服务热线）
	(010)68944723（其他图书服务热线）
网　　址 /	http://www.bitpress.com.cn
经　　销 /	全国各地新华书店
印　　刷 /	三河市华骏印务包装有限公司
开　　本 /	710 毫米×1000 毫米　1/16
印　　张 /	10.5
字　　数 /	155 千字
版　　次 /	2021 年 11 月第 1 版　2021 年 11 月第 1 次印刷
定　　价 /	78.00 元

责任编辑 / 徐　宁
文案编辑 / 徐　宁
责任校对 / 周瑞红
责任印制 / 李志强

图书出现印装质量问题，请拨打售后服务热线，本社负责调换

前　言

　　库存管理，是物流与供应链管理中的经典问题之一，指的是对相关行业的各种物品、资料使用的全过程实施控制和优化管理。库存优化管理是极富理论性和应用性的领域，它的研究成果极大地推动和丰富采购计划、生产运作规划、系统工程、市场营销、工业组织学、后勤学等众多学科的发展。随着信息技术的发展、供需环境的变化、产品更新加快、多样化和个性化需求不断增强，供应链中企业面临由于不确定性而带来的更多的库存风险。企业持有适当的库存，可以应对外界的多源不确定性，降低损失。因此，强化库存管理，掌握最优库存水平并制定合理库存策略，对于降低不确定因素带来的风险、提高企业应变能力、增加企业经济效益有重要的影响。

　　作者在从事供应链管理、库存管理、物流技术、复杂网络系统的建模与优化的研究中，深刻感受到不确定性对供应链库存优化的重要影响，并体现在作者和合作者在国际权威著名杂志发表的一系列论文中。另外，许多新的研究理论、方法和技术在库存管理领域的广泛应用，以及作者长期的教学和研究体会，催发了作者著作本书的意愿。本书可作为普通高等学校物流管理、工业工程、运营管理、市场营销、工商管理等专业的硕士研究生、博士研究生参考教材，也可供其他专业的学生和从事物流与供应链管理领域工作的人员阅读。

　　本书针对多源不确定性带来的供应链风险，引入期权合同作为风险对冲工具，研究了基于不同类型期权合同的随机库存问题，构建了不确定环境下的供应链库存决策模型，解决了供应链中各节点企业的订货、生产和销售问题，在不确定环境下，证明了引入期权合同能提高供应链性能，研究结果为供应链中企业期权合同类型的选择、参数选取和决策目标等提供依据和帮助。全书共分6章，第1章，作者针对供应链库存优化问题进行了较为详尽的文献回顾，充分阐述了目前现实供应链节点企业对于解决不确定性库存优化问题的迫切需要以及学术界给出的一些解决方案。第2~5章，作者利用随机性库存系统介绍了库存管理的基本方法，研究了服务水平约束、需求信息更新、决策风险偏好、碳税政策等多种因素对库存补给、退货等决策的影响，系统构建了不确定环境下的库存决策模型，给出了不同管理策略下库存系统的优化建模、分析求解，刻画了不同场景下的最优决策的结构性质，以及方法和结果的应用。每章在介绍基本研究内容后还给出了数值试验和本章小结，并扼要说明了某些内容的扩展，以帮助加深对有关内容的消化和理解。第6章，作者总结了本书的研究成果，给出了研究展望。

本书对于全球化竞争环境下的供应链库存决策具有重要的指导意义，能够帮助供应链节点企业制定合理的决策，推动供应链竞争力的进一步提升。同时，本书丰富了在供应链库存管理和风险管理方面的研究，对于管理科学领域的学科发展具有一定的推动作用。

本书的撰写工作得到了清华大学游科友教授、北京理工大学张玉利教授和陆军勤务学院孙邦栋教授悉心指导和无私帮助，在此表示衷心的感谢。北京理工大学出版社的各位编辑为本书的出版提供了巨大的帮助，在此深表感谢。

由于作者水平有限，加之时间紧迫，书中不可避免地存在一些不尽如人意之处，竭诚希望诸位专家、学者和广大读者不吝赐教。

作 者

2021年8月

目　　录

第1章　绪论 ·· 1
　1.1　研究背景与意义 ··· 1
　1.2　相关研究综述 ·· 3
　　　1.2.1　基于期权合同的供应链决策模型 ····················· 4
　　　1.2.2　基于需求信息更新的供应链决策模型 ············· 13
　　　1.2.3　基于风险优化的供应链决策模型 ··················· 18
　1.3　研究内容和主要创新点 ·· 25
　　　1.3.1　研究内容 ··· 25
　　　1.3.2　主要创新点 ·· 27

第2章　基于看涨期权契约的带有服务水平约束和需求更新的库存模型 ······ 29
　2.1　引言 ··· 29
　2.2　模型描述 ··· 31
　2.3　模型及最优化问题 ·· 33
　2.4　第二阶段最优订购策略 ·· 35
　2.5　第一阶段最优订购策略 ·· 40
　　　2.5.1　无价值信息 ·· 51
　　　2.5.2　完美信息 ··· 54
　2.6　数值试验 ··· 55

2.7 本章小结 ……………………………………………………………………… 57

第3章 基于双重期权契约和需求更新的库存模型 …………………………… 59
3.1 引言 …………………………………………………………………………… 59
3.2 模型描述 ……………………………………………………………………… 60
3.3 模型及最优化问题 …………………………………………………………… 62
3.4 第二阶段最优订购策略 ……………………………………………………… 64
3.5 第一阶段最优订购策略 ……………………………………………………… 70
    3.5.1 无价值信息 …………………………………………………………… 78
    3.5.2 完美信息 ……………………………………………………………… 78
3.6 数值试验 ……………………………………………………………………… 82
3.7 本章小结 ……………………………………………………………………… 84

第4章 基于双向期权契约和 CVaR 准则的带有服务水平约束的供应链决策模型 ………………………………………………………………… 86
4.1 引言 …………………………………………………………………………… 86
4.2 模型描述与假设 ……………………………………………………………… 87
4.3 不考虑双向期权合同的基础模型 …………………………………………… 89
4.4 考虑双向期权合同的扩展模型 ……………………………………………… 94
    4.4.1 风险厌恶零售商的订购决策 ………………………………………… 94
    4.4.2 风险中性生产商的生产决策 ………………………………………… 105
4.5 讨论 …………………………………………………………………………… 106
    4.5.1 双向期权合同的影响 ………………………………………………… 106
    4.5.2 服务水平的影响 ……………………………………………………… 109
4.6 供应链的协调 ………………………………………………………………… 111
4.7 数值试验 ……………………………………………………………………… 114
4.8 本章小结 ……………………………………………………………………… 117

第5章 基于看涨期权契约和 CVaR 准则的低碳化供应链决策模型 …… 119

- 5.1 引言 …… 119
- 5.2 模型描述与假设 …… 120
- 5.3 碳税政策和期权契约下风险厌恶零售商的订购策略 …… 123
- 5.4 碳税政策和期权契约下风险中性生产商的生产策略 …… 129
- 5.5 看涨期权契约的影响 …… 132
- 5.6 数值试验 …… 135
- 5.7 本章小结 …… 138

第6章 总结与展望 …… 140

- 6.1 全书总结 …… 140
- 6.2 研究展望 …… 142

参考文献 …… 144

第1章 绪 论

1.1 研究背景与意义

供应链是围绕核心企业,从产品生产到流通所涉及的供应商、生产商、分销商、零售商等企业以及最终用户连成的一个网络结构,信息流、物流和资金流是贯穿其中的关键要素[1]。信息流是指各节点企业相互交流和协调的知识或信息,是物料和资金流动的依据;物流是指物料从上游企业通过加工、组装、包装、运输等过程交付到下游企业或用户,各节点企业通过这一流通过程的增值而获得收益;资金流与物流流向完全相反,是指资金从下游流向上游,它反映了资金在各节点企业中的分配与增值,促使了整个供应链的运营。供应链管理指各节点企业通过和上下游的交流与合作,优化和整合供应链中的物流、信息流与资金流,以获得各企业的竞争优势。

随着供应链的持续演化和供应链管理技术的快速发展,企业之间的竞争已经转化为供应链之间的竞争。只有供应链中的各节点企业相互协调运作,形成战略合作伙伴关系,才能提高其供应链的整体竞争力。战略合作伙伴关系的表现形式就是供应链中的上下游企业之间形成契约关系,双方或者多方企业签订相关的产品价格和数量协议,促使各方利益都不降低,但至少有一方利益得到增加,形成了收益共享与风险共担的供应链。

信息技术的快速进步,科技创新的飞速发展,促使全球化的信息网络和全球化的市场环境逐步形成，市场的竞争不断加剧。科技的不断进步和竞争的不断激烈，促使企业之间在产品更新换代方面的竞争愈演愈烈，这恰好迎合了新时期客户需求日益个性化、多样化的特点，使越来越多的产品逐渐具有易逝品特征——生产提前期长、销售周期短、剩余产品残值低且市场需求不确定性大，如电子、半导体和计算机等高科技产品，石油、天然气和钢铁等工业产品。针对具有易逝属性的产品，零售商通常需要在整个生产提前期开始前进行订购，由于很难得到确切的产品需求信息，只能通过预测市场需求来制定最优的订购策略，这种仅从企业自身利益出发的订购决策更容易导致"双重边际效应"（double marginalization）[2]。此外，供应链中节点企业之间容易产生需求信息不对称，导致"牛鞭效应"（bullwhip effect）[3]的发生，这种库存成本的转移，严重损害了各节点企业的利益，降低了整个供应链的性能。与此同时，风险偏好、价格波动、运输等市场不确定性以及来自供应链外部的复杂多变环境和不确定性，也使企业面临更多的高风险。这些高风险会降低供应链效率，如玩具制造商Mattel[4]和爱立信公司[5]就已经遭遇了这些问题。因此，易逝品特性导致的高额风险和不确定性对供应链中各节点企业库存优化提出了严峻的挑战。

为了应对复杂环境下供应链面临的多源不确定性和高风险，期权契约作为供应链风险对冲的一种金融衍生工具[6]，逐渐被应用于不同企业和行业并取得成效。期权契约的作用在于：对下游企业来说，通过在生产提前期购买一定数量的期权（option），获得根据需求信息观测或现实市场需求对采购产品数量进行柔性调整的权利，延迟了决策时间，增加了零售商订购弹性和资金投入的灵活性，有助于其规避不确定风险和提高期望收益；对上游企业来说，利用出售期权提前获得一部分收益，降低了其投资生产的风险，使其生产不会过于保守，增加产品的供给弹性，有助于提高期望收益；对整体供应链来说，既能实现供应链成员共担风险，又能实现共享收益，有助于提高供应链的性能和效率。1996年，台湾半导体制造公司利用期权契约从生产商处进行生产能力预订[7]；Hewlett Packard利用期权合同（option contracts）建立一套从上游供货商处采购原材料的风险管理计划，累计为企业节约成本约4.25亿美元[8]；中国电信每年通过期权合同从Samsung、华为、爱立信等上游供应商处采购1 000亿元以上的配套产品[9-11]；

Sun Microsystems[12]，IBM[13]和Boeing[14]等公司也使用期权合同降低了大量成本。此后，伴随供应链采购管理、运作管理及生产管理等领域研究的不断发展，学术界和企业界对期权契约的研究也不断深入。当前，期权契约在易逝品供应链中的应用已成为研究的热点。

本书以钢铁企业的原材料供应、生产和销售为背景，以不确定环境下钢铁供应链的库存协同与优化问题为出发点，通过对不确定性风险进行建模和优化，为供应链各节点库存决策提供理论依据。钢铁产品是具有易逝属性的工业产品，其原材料供应、生产和销售过程都存在库存优化问题，面临着很多的不确定性风险。以宝钢为例，在2016年，集团有约1500万吨的原材料铁矿石需要购买、运输、中转和库存，有约11亿元价值的钢铁产品需要库存，其中钢管产品约15万吨、热轧卷板200万吨、冷轧卷板约120万吨，以及其他钢材超过500万吨。上游供应商交付的原材料价格或数量的不确定性、运输过程的不确定性、钢材产能的不确定性、钢材价格的不确定性以及下游需求的不确定性等风险，都促使以宝钢为核心的供应链成员重视供应链运作中的不确定性及其库存协同和优化问题。解决好这些问题，可以降低供应链风险和成本，提高供应链性能和整体收益，使钢铁供应链更高效地运行。

本书运用期权合同能对冲供应链多源风险的优势，在供应链中企业风险决策优化中引入期权合同，研究不确定环境下的库存优化问题，系统构建了不确定环境下的库存决策模型，解决了供应链中各节点企业的订货、生产和销售问题，证明了不确定环境下期权合同的运用能提高供应链性能，实现各节点企业的帕累托（Pareto）提高。研究结果为供应链中企业期权合同类型的选择、参数设计和优化目标提供理论依据，对丰富和完善供应链库存优化理论和方法有重要的实用价值。

1.2 相关研究综述

近年来关于供应链运作管理的研究引起了学术界的广泛关注，取得了丰富的理论成果，基于本书的研究主题，本节拟从以下三个方面对与本书相关的国内外文献进行梳理：一是基于期权合同的供应链决策模型；二是基于需求信息更新的供应链决策模型；三是基于风险优化的供应链决策模型。下面分别进行概括和总结。

1.2.1 基于期权合同的供应链决策模型

期权是在期货的基础上演变而来的一种金融衍生工具，又可称为选择权，它是指期权购买者预先支付一定特定标的物（underlying asset）数量的费用［购买期权费（premium）］后，获得在未来规定的时间范围内以预先约定的价格［期权执行价格（exercise price）］向期权供应者买入或卖出一定数量特定标的物的权利[15]。实质上，期权是在金融范畴中分开定价权利和义务，对期权购买者而言，在期权规定的时间范围内，期权是一种买入或卖出的权利，但不是一种必须买入或卖出的义务；对期权提供者而言，期权是一种必须履行期权购买者行使权利的义务[16]。

随着多学科交叉融合不断深入，利用金融思想和工具进行供应链管理已成为当前研究的一个新领域，期权就是借鉴金融的思想逐渐被应用于供应链的风险控制和管理之中，成为一类期权合同。期权合同一般包括如下五个要素[4,17]。

（1）期权费，即期权的价格，是期权的购买者为获得期权合同所赋予的权利而必须预先支付给期权供应者的费用，是由双方在期权市场通过公开竞价所形成的价格。对期权购买者而言，期权费是其损失的最高费用。而对期权提供者而言，卖出期权就可获得一笔收入，且不需要立即交割。

（2）标的资产，即期权合同所规定的买卖双方未来要交易的某种物品，既可以是实物资产，如服装、报刊、电脑、钢铁产品等，又可以是金融产品，如普通股票、有价证券、基金等。

（3）交易数量，即期权合同中规定的期权持有者有权利买入或者卖出标的资产的数量。

（4）期权执行价格，也称履约价格，是期权合同预先规定的标的资产被交割的价格。当期权持有者按照期权合同规定的执行价格买入或者卖出标的资产，无论标的资产实际价格如何变动，期权的提供者都必须履行义务。

(5) 期权到期日 (expiration date)，即期权赋予购买方有期限限制的权利，超过了规定的时间期限，期权购买者将不再拥有交易的权利，期权供应者也将不再承担义务。因此，在期权到期日，期权持有者需要决定是否行使交易的权利。

按照期权执行时间，期权分为美式期权和欧式期权两种类型[18-21]。

(1) 美式期权，即在期权到期日之前（包括到期日当天）的任何一个时间点都可执行的期权。

(2) 欧式期权，即只在期权到期日当天才可执行的期权。

在供应链运作管理中主要使用欧式期权，较少使用美式期权，本书采用的期权是欧式期权。

按照期权购买者的权利，期权分为看涨期权 (call options)、看跌期权 (put options) 和双向期权 (bidirectional options) 三种类型[22-25]。

(1) 看涨期权，指期权购买者在向供应者支付一定的期权费后，拥有在规定的时限内向期权供应者买入标的资产的权利，但不承担必须买进的义务。看涨期权又可称为"延买权"和"多头期权"。在看涨期权交易中，期权购买者预测价格会上涨，而期权供应者预测价格会下跌。

(2) 看跌期权，指期权购买者在向供应者支付一定的期权费后，拥有在规定的时限内向期权供应者卖出标的资产的权利，但不承担必须卖出的义务。看跌期权又可称为"延卖权"和"空头期权"。在看跌期权交易中，期权购买者预测价格会下跌，而期权供应者预测价格会上涨。

(3) 双向期权，指期权购买者在向供应者支付一定的期权费后，拥有在规定的时限内向期权供应者买进或卖出标的资产的权利。期权购买者购买双向期权是对未来价格不确定时而采取的一种策略，只要价格上下波动，就能执行权利获利。双向期权供应者则坚信未来价格变化幅度不会太大，愿意卖出此种权利，同时获得一定的期权费收益。

利用期权能规避风险和风险投资的特点，在供应链中引入期权合同，既能规避转移供应链风险，又能提高资产投资效率。期权合同规定供应链下游企业必须在生产提前期预先购买一定数量的产品，在获得需求信息观测或现实市场需求时再订购或退货。对于下游企业而言,期权合同的使用增加了采购的柔性,延迟了决策时间,保证了供给;对于上游企业而言,期权合同的使用降低了其投资生产的风险,增加了产品的供给弹性,有助于合理匹配供给。因此,期权合同的使用能帮助企业克服"双重边际化效应"和"牛鞭效应",实现共担风险和共享收益,被广泛应用于不同行业的供应链管理中,尤其适用于具有易逝品特性的供应链管理,如生鲜、报纸和时装等传统易逝品,电子、半导体和计算机等高科技产品,石油、天然气和钢铁等具有易逝属性的工业产品。下面对三类期权合同进行概括和总结。

1. 看涨期权合同

在供应链模型中,根据看涨期权合同是否与其他合同组合使用,可以把看涨期权合同的应用分为只使用看涨期权合同的情形(供应链上下游企业只签订看涨期权合同)和使用看涨期权合同与其他合同组合的情形(供应链上下游企业签订看涨期权合同和其他合同)。下面分别进行概括和总结。

1) 只使用看涨期权合同的情形

在库存管理方面,Kleindorfer 和 Wu[26]考虑存在现货市场和供应能力约束,研究了一个供应商和多个相互竞争的零售商的 B2B(企业对企业)电力市场,给出了市场交易策略和最优合同组合,并导出了市场达到均衡的条件。Jörnsten 等人[27]研究了在看涨期权合同下供应链上下游企业之间的风险转移问题,推出了看涨期权合同能同时使得零售商的风险下降和制造商的收益最大化,实现供应链帕累托改进。Lee 等人[28]考虑存在供应能力约束和订购成本约束,研究了基于看涨期权合同的零售商最优的采购策略,构建了固定订购成本和供应能力约束为常数的成本函数,设计了相应的多项式算法并给出求解结果。Lee 等人[29]考虑了一个损失规避的零售商和多个风险中性的供应商供应链问题,给出了看涨期权合同下损失规避零售商的最优订购决策,设计了相应的算法,并研究了零售商的最优订购决策与其损失规避行为之间的关系。以上文献考虑的均是单周期供应链情形。在多周期供应链情形下,Inderfurth 等人[30]研究了零售商能同时通过现货市场和看涨期权合同获得产品的采购问题,采用动态规划方法推出了零售商最优的采购策略并给出了其表示形式,设计了遗产算法进行求解。Fu 等人[31]在现货价格和市场需求均不确定条件下，研究了多周期情形下如何通过看涨期权合同从多个供应商和现货市场采购产品，采用动态规划方法分析和研究了零售商最优的订货和定价决策问题。

在定价管理方面，Liang 等人[32]考虑了单周期两级救灾物资供应链问题，通过采用二项式点阵法和看涨期权契约构建了一个定价模型，研究了看涨期权合同的运用对供应链成员的影响。Xu[33]考虑了随机需求和产量下的两级供应链问题，研究了当看涨期权合同被运用时制造商最优的订购策略与供应商最优的生产策略，研究表明看涨期权合同的运用能实现供应商和制造商的利润都增加。Zhao等人[34]提出了一种基于价值的供应链期权定价方法，分别研究了单零售商和多零售商情形下的期权定价问题，分析了采用基于价值的定价方法的优势。文献[32-34]均没有考虑存在现货市场情形。在考虑存在现货市场情形下，Spinler 和 Huchzermeier[35]构建了基于看涨期权合同分担风险的有关生产容量的易逝品供应链模型，分别导出了最优的订购量和最优的销售价格，进一步证明了同时考虑现货市场交易和期权合同双渠道方案相比只考虑单一渠道方案来说更能实现帕累托提高。Wu 等人[36]研究看涨期权合同在 B2B 市场的运用，在存在现货市场环境下，分别建立了零售商最优的订购模型和制造商最优的期权定价模型，并给出了他们的最优决策。Pei 等人[37]研究了当存在现货市场时如何设计期权合同的结构和期权价格，提出了当执行数量有折扣和溢价时，期权合同更有效率。Spinler 等人[38]在考虑存在需求风险、成本风险和现货市场价格风险条件下，建立了通过期权合同分担风险的供应链模型，给出了买方最优的订购量和卖方最优的定价策略的解析表达式。

在供应链优化与协调方面，Zhao 等人[39]考虑了单个零售商和单个制造商的易逝品供应链，运用合作博弈方法研究了如何使用看涨期权合同实现供应链的协调问题，研究发现与传统的批发价合同相比，期权合同不仅能够实现供应链的协调，而且可以实现零售商和制造商的帕累托提高。Luo 和 Chen[40]考虑了随机产量和确定需求下的两阶段供应链问题，制造商可以通过现货市场和看涨期权合同两种方式获得产品，构建不存在看涨期权合同和存在看涨期权合同两种情形下的供应链决策模型，给出了看涨期权合同能提高供应链节点企业的收益,证明了看涨期权合同能够协调供应链。Wang 和 Chen[41]研究了基于看涨期权合同的数量易损耗的生鲜农产品供应链优化与协调问题,给出了零售商存在一个最优订购量和供应商存在唯一的最优期权价格,证明了当期权价格和执行价格为线性关系时看涨期权合同不能供应链协调。Chen 等人[42]在看涨期权合同下研究了一个风险规避的零售商和一个风险中性的供应商的供应链模型,分别给出了零售商最优的订购策略和供应商最优的生产策略,进一步讨论了供应链能够被看涨期权合同协调的条件。除了文献[42],以上文献均是从单一视角下研究供应链单边协调问题。

2) 使用看涨期权合同与其他合同组合的情形

在库存管理方面,Jörnsten 等人[43]考虑离散需求下零售商可以同时使用看涨期权合同和批发价合同向制造商订购产品的供应链问题,给出了通过两个合同混合订购和只使用单一合同订购两种情形下的零售商最优的订购策略,研究发现当制造商有风险规避偏好时混合合同比单一合同更有优势。以下文献都假设随机需求是连续型随机变量。Fu 等人[44]考虑随机现货价格和市场需求的情形,研究了当存在批发价合同、看涨期权合同和现货市场三种采购方式时零售商最佳组合的采购策略,设计了一种获得最优采购策略的有效算法。Martinez – de – Albeniz 和 Simchi – Levi[45]研究了制造商通过现货市场、看涨期权和长期合同多种方式进行采购的多周期问题,给出了最优组合的采购策略,研究还发现组合的订购方式能增加制造商的期望利润和减低制造商面临的金融风险。以上文献考虑了存在现货市场的情形。在不考虑存在现货市场的情形下,Feng 等人[46]研究了零售商有采购资金约束的情形,给出了存在固定订购和期权订购两种订购方式时零售商最优的订购策略,发现当零售商的资金小于某一确定值时,零售商只采用固定订购方式;当零售商的资金超过确定值时,零售商增加期权订购量,同时减少固定订购量直到达到最优情况或资金用完。Chung 和 Erhun[47]考虑了需求与天气相关的季节性产品的库存管理问题,在均值 – CVaR(均值 – 条件风险价值)风险度量(risk measure)准则下,研究发现引入期权的合同能提高风险规避型报童的最优订购量和最大的均值 – CVaR 风险度量值。上述文献均从顾客角度考虑了需求风险,而没有从供应方角度考虑供应风险。Hu 等人[48]考虑存在缺货成本或延期未交货成本，在需求和产出均为不确定情形下，给出了制造商最优的生产策略和零售商最优的订购策略。除了文献［47］考虑了风险偏好问题，上述文献均假设决策者是风险中性的。

在定价管理方面，在随机需求是加法形式的条件下，Wang 和 Chen[9]研究了报童通过批发价合同和看涨期权合同两种方式采购产品时的定价和订货决策问题，研究发现在单一订购和混合订购两种方式下最优的定价和最优的订购量都是唯一确定的，相比较单一订购而言，混合订购方式是报童的最优选择。Hu 等人[48]在需求和产出均随机情形下，考虑面临过量需求时零售商可以通过执行期权合同和紧急订购两种方式延迟供给的供应链问题，推出了零售商最优的订货决策和制造商最优的生产决策。Wang 和 Chen[11]针对生鲜农产品易损耗的特点，考虑零售商通过批发价合同和看涨期权合同两种方式采购产品，研究了零售商最优的订货决策和生产商最优的定价决策，发现当期权价格趋向于最优值时，生产商利润上升而零售商利润下降，零售商对期权价格的变化更敏感。Burnetas 和 Ritchken[17]在需求曲线为向下趋势情形下，研究了同时存在看涨期权合同和批发价合同两种采购方式时的期权定价问题，研究发现引入看涨期权合同将导致批发价格上涨和零售价格的波动性下降。以上文献没有考虑存在现货市场的情形。在考虑存在现货市场的情形下，Wu 和 Kleindorfer[49]提出了基于看涨期权合同和远期合同的一个购买者和多个出售者的供应链问题，在确定性需求的情形下，建立了一个购买者和多个竞争的出售者的期权博弈模型，推出了市场均衡时的最优定价和投资组合。

在供应链优化与协调方面，Barnes-Schuster 等人[4]研究了在两阶段需求相关条件下引入看涨期权合同的供应链模型，给出了引入期权合同的优势，进一步发现当期权执行价格与期权价格满足一定条件时可以协调供应链。Wang 和 Liu[50]通过考虑零售商向制造商提供看涨期权合同，研究了零售商主导的共担风险和供应链协调问题，给出了零售商最优的期权合同选择和制造商最优的生产量。Cachon 和 Kök[51]考虑了多个制造商通过单个零售商销售产品的供应链问题，在批发价合同、数量折扣合同和类期权合同下研究了多个供应商之间存在竞争的供应链协调机制。Wee 和 Wang[52]在允许延期交货情形下，研究了存在期权合同和批发价合同两种订购方式时零售商最优的订购策略，给出了基于收益分享合同的供应链协调的条件。Nosoohi 和 Nookabadi[53]考虑了一个以客户为导向、由制造商和供应商组成的生产系统，研究了当存在固定订购和期权订购两种方式时制造商最优的订购策略和供应商最优的生产策略，讨论了供应链能被协调的条件。与上述文献假设决策者是风险中性的不同，Liu 等人[54]考虑了预售和期权合同两种采购方式下的供应链协调，给出了协调的条件和决策者的最优决策，并进一步讨论了损失规避行为对协调和最优决策的影响。Chen 和 Shen[55]研究了带服务水平约束的零售商订购决策和生产商生产决策问题，他们的研究指出引入看涨期权契约不仅能提高零售商的订购量，而且能使零售商和生产商的期望利润都得到提高。Arani 等人[56]研究了在存在紧急购买和缺货惩罚条件下，如何使用收益分享和看涨期权的组合合同协调供应链，通过博弈论分析的方法获得了纳什均衡下的零售商最优的订购决策和制造商最优的生产决策，讨论了供应链能被协调的条件。

在其他方面，Böckem 和 Schiller[15]研究了由多个企业组成且存在潜在的投资停滞的供应链问题，研究发现引入看涨期权合同可以解决企业的激励问题。文献[57-58]运用期权合同进行供应商选择。Xia 等人[57]运用固定订购和期权合同研究了如何降低需求不确定和供应中断带来的风险问题，发现引入看涨期权合同下零售商倾向于选择可靠的供应商，同时证明了引入看涨期权可以使供应商降低风险。Xu 和 Nozick[58]研究了基于供应链风险控制的供应商选择问题，运用看涨期权合同建立了一个两阶段随机规划模型，提出了一个求解程序来优化供应商选择，以避免物料中断。文献[59-61]运用期权合同进行效果评估选择。Li 等人[59]在非对称信息条件下，研究了看涨期权合同和预先承诺在供应链管理中的作用，发现预先承诺可以使价格波动风险降低，而看涨期权合同能使需求波动风险降低。Fang 和 Whinston[60]使用期权合同作为价格歧视工具，构建了产能博弈模型，推出了通过期权合同能降低供应商风险，提高其获利水平和投资效率。Wang 等人[61]分析了引入期权合同时易逝品供应链的风险问题，研究发现与传统的报童模型相比，引入期权合同后可能导致供应链在后期绩效变差。

2. 看跌期权合同

看跌期权合同在原理上与回购合同非常相似,都是在销售周期结束后为合同购买者提供退货补偿的权利,但回购合同是看跌期权合同的特殊情况。在供应链管理中,研究看跌期权合同的文献不多,且需要与固定订购方式一起使用。

文献［62-65］研究库存问题。Liu 等人[62]在存在最小订购限制和运输能力约束的条件下,研究了基于看跌期权合同的集装箱运输者的订货模型,给出了最优订购策略,证明了看跌期权合同能提高供应链交易量、减少集装箱运输者的风险并增加其期望收益。以上文献主要研究的是一对一的两级供应链问题。Nosoohi 和 Nookabadi[63]研究了带看跌期权的外包模型。Chen 和 Parlar[64]考虑报童提供看跌期权合同和决定订购量的问题,研究了基于风险厌恶的库存模型,研究发现在考虑看跌期权合同和不考虑看跌期权合同两种情况下报童有相同的最优订购数量,此外还发现看跌期权的执行数量和执行价格不影响报童最优的期望收益,但是会影响利润的变化。Xue 等人[65]运用看跌期权合同研究了基于条件风险价值(conditional value at risk,CVaR)和随机需求的报童模型,给出了看跌期权合同和风险厌恶系数对最优订购量和最优条件风险价值的影响。

文献［66-67］研究定价策略。Wang 和 Chen[66]在看跌期权合同下研究了需求与价格相关的生鲜农产品的报童问题,分析了在有看跌期权合同和流通损失的情况下报童最优的订货和定价决策,发现报童的最优订购量和销售价格随着期权价格的减少而减少,但随着执行价格和流通损失的增加而增加。Moon 和 Kwon[67]运用博弈论分析方法研究了广告商和发布商之间的看跌期权定价问题,在两种定价方式下,给出了广告商的最佳选择,并通过纳什博弈模型确定了看跌期权价格,证明了看跌期权合同可以避免广告商高成本和发布商的高收入。

文献［68-70］研究供应链决策问题。Cheng 等人[68]使用看跌期权研究了制造商和供应商的供应链优化问题,给出了制造商最优的订购量和最优的定价决策,证明了引入看跌期权合同转移了制造商的部分风险。de Treville 等人[69]在需求风险不断演化条件下,使用看跌期权构建了采购选择和生产量决策模型,证明了引入看跌期权合同能规避需求不断变化的风险,并发现需求波动越大、看跌期权价值就越高。Chen 等人[70]在考虑与不考虑看跌期权合同两种情形下,分别研究了带服务水平约束的供应链模型,发现在考虑看跌期权合同时,零售商愿意提供比不考虑看跌期权合同时更高的服务水平,同时也获得更多的期望利润,但是看跌期权合同不能总使供应商获利,进一步证明了看跌期权合同能提高供应链整体的性能。

3. 双向期权合同

在供应链管理中,近年来研究双向期权合同的文献逐渐增多,一般情况下双向期权合同需要与固定订购方式一起使用。

在库存管理方面,Wang 和 Tsao[71]构建了一个基于双向期权合同的两阶段模型,在需求服从均匀分布的假设下,证明了引入双向期权合同能改进零售商最大的期望收益。Wang 和 Wang[72]运用双向期权合同研究生鲜农产品的库存管理,给出了零售商最优的订购策略,与批发价合同相比,引入看涨期权合同时零售商的最优订购量更高,最优的期望收益更高。Milner 和 Rosenblatt[73]运用双向期权合同建立了易逝品两阶段订购模型。零售商在第一阶段就给出了初始固定订购量和期权购买量,在第二阶段根据实际观察的需求决定期权执行量,但是需要一定的成本。研究给出了零售商最优的初始订购量和期权购买量,证明了双向期权合同能降低需求不确定风险的影响。文献[71-73]主要关注双向期权合同在易逝品供应链中的运用。以上文献没有考虑对订购量的约束问题。在考虑对订购量约束的情形下,Wang 等人[74]在随机需求与退货价格相关的条件下,分别研究了顾客退货和双向期权合同对报童退货价格与订购决策的影响,推出了最优退货价格随期权价格的增加而增加,随批发价格和执行期权价格的增加而减少,而最优订购量随执行期权价格的增加而增加,但随批发价格和期权价格的减少而减少,进一步证明了双向期权合同能减少顾客退货的负面影响,提高报童的期望利润。

在供应链优化与协调方面,Hu 等人[75]在单向期权(看涨和看跌)与双向期权下,分别研究了两级供应链问题,比较了两者在供应链管理方面的优劣,尤其比较了不同期权合同对供应链协调的影响。Zhao 等人[76]在双向期权合同下,推出了一般需求分布下零售商最优的初始订购策略和期权购买策略的表达式,分析了双向期权对零售商初始订购策略的反馈效应,讨论了如何设置双向期权契约以实现供应链的协调。Chen 等人[77]通过引入双向期权合同研究了带有服务需求约束的两级供应链问题，分别给出了有无双向期权合同时供应商和零售商最优的决策策略，分析了双向期权合同和服务需求对供应链的影响，在双向期权契约和服务需求存在的情况下，推出了实现帕累托改进的和与需求分布无关的供应链协调条件。Yang 等人[78]在市场需求与销售努力相关的条件下，使用 4 个合同研究了农产品供应链问题，发现在看涨、看跌和双向期权合同下最优初始订购量和最优期权量都随着销售努力的增加而增加，且期权价格能平衡损失率对供应链协调的影响，进一步发现零售商主导的看涨期权合同下，期权订购数量是最高的。

1.2.2 基于需求信息更新的供应链决策模型

需求的不确定性是制约供应链节点企业精确采购、生产和销售计划的关键因素，是供应链优化与库存管理面临的极其重要的问题之一。经典的报童模型一般假设市场需求分布和分布的参数是已知的，事实上，由于生产提前期比较长，市场需求分布的类型和分布的参数也是不确定的。近年来，企业逐渐借助市场需求信息更新来提高需求预测准确率，缓解供求不匹配的问题。因此，基于需求信息更新的供应链优化与库存管理模型引起了学术界的广泛关注。

需求信息更新指通过收集需求实时观测信息，结合观测到的需求信息和信息更新方法来不断更新对市场需求的预测，达到提高需求预测精确度的目的。按照需求信息更新方法，可以将基于需求信息更新的供应链决策问题分为三类：贝叶斯（Bayesian）方法[79-81]、时间序列方法[82]和预测修订方法[83-85]。在供应链运作管理中主要使用贝叶斯方法和预测修订方法，较少使用时间序列方法，本书采用的是预测修订方法。

根据市场需求信息更新的时间点，可以将基于需求信息更新的供应链决策模型分为两大类：生产提前期内市场需求信息更新的供应链决策模型和销售周期中市场需求信息更新的供应链决策模型。下面分别进行概括和总结。

1. 生产提前期内市场需求信息更新的供应链决策模型

生产提前期内的市场需求信息更新即市场需求的预测更新，指在生产提前期内距离销售周期比较长的某个时间节点供应链上游企业提供给下游企业第一次订购机会，然后在临近销售周期的某个时间节点提供给下游企业第二次订购机会；下游企业根据第一次订购后获得的市场信息对需求进行预测更新，在此基础上通过第二次订购修正其第一次订购量。学术界对生产提前期内市场需求信息更新的供应链决策问题进行了大量的研究，研究内容主要包括库存管理和供应链优化与协调两个方面。

在库存管理方面，Murray 和 Silver[79]是较早用贝叶斯理论研究具有需求信息更新的二次订购问题。Choi 等人[80]假设第二阶段订购成本是不确定的，利用贝叶斯方法更新第二阶段的需求预测，提出了一个两阶段动态优化问题，并用动态规划方法导出了最优策略。Choi 等人[81]研究了需求均值未知以及需求均值和方差均未知两种情况的贝叶斯需求信息更新模型，比较了两种模型下应用快速反应（quick response）策略对供应链成员期望收益的影响。Yan 等人[86]研究了需求预测更新如何影响制造商在订购原材料方面的选择，利用贝叶斯方法建立了采用快和慢两种订购方式的动态规划模型，并给出了最优订购策略，进一步证明了该模型同样适用于多周期问题。Miltenburg 和 Pong 等人[87-88]分别在假定决策者有无订购量限制时，研究了多种易逝性产品的两阶段订购问题，构建了两阶段生产成本相等和不等时的决策模型，针对每种模型设计了求解算法。Choi[89]在两种运货模式下，研究了服装零售商的两阶段订购与定价决策问题，利用贝叶斯方法更新第二阶段的需求预测，建立了动态规划模型并给出了最优订购和定价策略。Serel[90]研究了在第二阶段订购成本不确定和需求与零售价格相关的快速响应的两阶段订购系统，提出了一种求解最优订购量和最优销售价格的方法，进一步研究了在更新需求预测后初始订单可以取消的情况。以上文献从各种角度利用贝叶斯方法研究了两阶段订购问题，其中文献[89-90]还研究了定价决策问题。下面的文献主要是通过预测修订方法更新需求预测，Sethi 等人[91]考虑了产品在第二阶段采购成本不确定和两阶段均有服务水平约束的问题，给出了在两个服务水平约束下的买方两阶段最优的订购决策，并将研究的问题扩展到多周期问题。Wang 等人[92]考虑基于预测演化鞅模型的多周期需求预测的库存问题，通过比较多周期模型和单周期模型，量化了多重订购策略对报童期望利润的影响。Oh 和

Özer[93]针对决策者具有对称需求信息与非对称需求信息两种情况，分别建立了多个决策者对同一产品需求预测的演化模型，提出了一类动态机构设计问题的新的求解方法。Song 等人[94]研究一个买方在从合同和现货两个市场采购多个产品时的决策问题，权衡现货市场产品价格不确定性和需求预测更新，构建了单资源约束和多资源约束下的双层规划模型，并设计了有效的算法。以上文献均假设决策者是风险中性的。下面的文献考虑了决策者具有风险厌恶行为，Ma 等人[95]构建了带有需求更新和损失厌恶行为的两阶段订购模型，推出了零售商损失厌恶行为对最优决策、市场信号临界值和第一阶段订购量的影响，以及需求预测质量对零售商最优决策的影响，并将研究模型扩展到允许取消订单的情况。Yan 和 Wang[96]研究了具有资金约束和需求预测更新的两阶段报童问题，研究指出当第一阶段初始资金低于资金的临界值时，则剩余资金用于第二阶段订购，此时第一阶段的订购量会随初始资金的增加而减少。此外，研究发现当市场信息准确性或报童的厌恶程度增加时，用于第二阶段订购的剩余资金也增加。Buzacott 等人[97]在均值 - 方差（mean - variance，MV）框架下研究了基于需求信息更新和一类承诺 - 期权供应合同的报童问题，给出了报童在两阶段的最优订购策略，并研究了需求预测质量与报童两阶段最优订购量之间的关系。除了文献［91 - 92］研究了多周期问题，其他文献研究的是单周期问题。

在供应链优化与协调方面，Donohue[98]研究了基于需求信息更新的两次订购和两次生产模式下的供应链优化与协调问题，给出了制造商和分销商的最优决策，进一步将模型扩展到在观察到市场信号后允许取消订单的情况，并证明了回购契约可以协调供应链。Chen 等人[99]通过考虑让零售商分担制造商在需求预测更新前生产过量的部分损失，设计了一个能够协调供应链的风险共担合同。Gurnani 和 Tang[100]研究了需求预测准确性与第二次订购成本相关的两次订购问题，推出了决策者的最优订购策略，进一步研究了无价值信息和完美信息两种特殊情形，给出了总订购量与市场信息准确性之间的关系。Sethi 等人[83]在 Donohue[98]模型的基础上，建立了带有需求信息更新和服务水平约束的供应链模型，导出了买方的最优订购决策，研究了关键信号、第一阶段订购量和最优的期望收益与服务水平之间的关系，并证明了在服务水平约束下回购契约也可以协调供应链。

Wu[84]运用数量柔性契约研究了需求更新的两级供应链问题,分析了数量柔性、转移价格和贝叶斯更新次数对供应链成员期望收益及订购量的影响,此外,在数量柔性契约下,供应链成员能共享需求信息更新带来的收益。Chen 等人[101]研究了具有价格依赖需求的两阶段优化问题,提出了一个三参数风险和利润分担合同,证明了此合同能协调供应链和按照任意比例在供应链成员之间分配供应链利润。Zhang 等人[85]利用随机规划方法构建了带有需求预测更新的多个产品的两阶段模型,并设计了求解该问题的有效算法,比较了传统生产模型与延迟生产模型的性能,给出了参数对两种系统性能的影响。Wang 等人[102]研究了零售价和广告费用均与市场需求有关的两阶段生产决策问题,设计了销售返利合同来实现供应链协调和利润分配。Özen 等人[103]考虑了由制造商、仓库和 n 个零售商组成的分散配送系统中的库存联合问题,研究了两种类型的合作:预测共享和联合预测,提出了一个三参数回购合同来协调整个供应链。Liu 等人[104]研究了基于需求信息更新和质量承诺的两阶段物流服务能力的采购问题,分析了市场揭示情况和质量承诺可变成本对供应链成员决策的影响。Cheaitou 和 Cheaytou[105]构建了具有风险供应商和预测更新的两阶段预订容量的供应合同模型,通过采用动态规划方法导出了零售商最优库存控制策略的结构。此外,通过数值研究分析了一些模型参数对最优政策的影响。其中文献［83］研究了服务水平约束问题,文献［103］研究了随机需求与零售价格相关的问题,文献［102］研究了多级供应链问题。

2. 销售周期中市场需求信息更新的供应链决策模型

销售周期中的市场需求信息更新指通过产品在销售前期的需求反馈情况,来更新对产品在销售后期的市场需求预测,从而对是否需要补货和补货多少进行决策。与生产提前期内市场需求信息更新的供应链决策问题相比,现有关于销售周期中市场需求信息更新的供应链决策问题的文献相对较少,且主要从库存管理和供应链优化与协调方面进行研究。

在库存管理方面,Fisher 和 Raman[106]给出了一种预测需求概率分布的方法,并建立了快速反应下的决策模型,通过实例证明了此方案能降低成本和需求不确定性。Lau 和 Lau[107]研究了在销售季中再订购的报童问题,分别建立了需求服务正态分布和 Beta 分布的报童模型，推出了两种情况下报童的最优订购量，研究发现当产品的边际利润率不高时，再订购机会可以显著提高期望利润。Iyer 和 Bergen[108]考虑了两阶段产品需求具有相关性，建立了制造商和零售商在快速反应前后的库存决策模型，证明了与传统的策略相比，快速反应策略能实现供应链帕累托改进的重要结论。Gilbert 和 Ballou[109]构建了提前购买与价格折扣相关的供应链模型，给出了钢铁分销商能为顾客提供的最高价格折扣，导出了最佳订购时间和价格折扣，并证明了可以降低供应链成员的成本。Gallego 和 Özer[110]研究了顾客提前下订单下寻找有效库存控制策略的问题，证明了需求状态相关的基本库存策略对于有无固定成本的随机库存系统均是最优的。Choi 等人[111]考虑运输成本与提前期相关，基于贝叶斯需求信息更新研究了多种配送模式下零售商的最优订购策略，构建了多阶段动态优化模型，并采用动态规划方法给出了最优订购策略。Erhun 等人[112]构建了两个单周期两阶段的动态定价/采购博弈模型，针对每一个模型，给出了子博弈的完美纳什均衡封闭形式的解，并分析了参与者的行为，附加信息和交易期对其福利的影响。Teunter 等人[113]将需求预测与库存问题联系起来，分析了 Croston 法在需求预测方面的两个缺点，提出了一种改进的需求预测方法，该方法的应用能提高需求预测的性能。Boulaksil[114]采用预测演化的鞅模型对顾客需求进行建模，提出了一种确定供应链系统中安全库存水平的方法，通过仿真模拟研究发现很大一部分的安全库存应该设置在供应链的下游。

在供应链优化与协调方面，Chen 和 Xu[115]考虑了基于需求信息更新的季节性产品供应链问题，提出了一种改进的生产订购模式，分析了其对供应链成员的影响，设计了利润补偿方案，使供应链成员都能得到帕累托改进。Bengtsson[116]针对零售商处理产品残值高于制造商的情况，研究了制造商接受退货能力有限的退货策略问题，根据退货情形分类给出了供应链能被协调的条件。Barnes - Schuster 等人[4]通过引入看涨期权合同研究了两阶段市场需求具有相关性的供应链模型，发现当期权执行价格与期权价格满足一定条件时可以协调供应链。Weng[117]考虑零售商在销售周期中能依据市场需求实现情况进行订购，构建了一个广义的报童模型来分析制造商和零售商之间的数量折扣策略，证明了数量折扣策略能提高供应链性能。Zhou 和 Wang[118]扩展了 Weng[117]研究的模型,提出了两部分关税(two-part-tariff)合同和改进的收益共享合同,并证明了两种契约都能使供应链达到协调。Zhou 和 Li[119]提出了一个二次订购策略,该策略能增加零售商和供应链系统期望收益,假若制造商对销售期末未出售产品采用退货策略,可推出供应链系统的期望收益逼近最优或达到最优。Özer 等人[120]提出了双重采购合同,制造商通过此合同为预测更新前零售商的订购量提供折扣,需求信息更新后,零售商根据此合同和市场需求确定第二阶段的订购量,进一步研究了双重采购合同如何实现供应链的帕累托改进。Zhao 等人[121]采用期权契约研究了考虑随机现货市场和需求信息更新的两级供应链问题,描述了通过期权合约和现货市场进行组合采购的最优策略,并为实现供应链协调设计了合适的期权机制。Yang 等人[122]考虑需求预测部分更新情况,研究了下游企业有私人信息的两级供应链的预约定价问题,分析了需求预测更新对供应链成员和供应链性能的影响。

1.2.3 基于风险优化的供应链决策模型

基于风险优化的供应链决策问题的相关理论与决策者对待风险的态度紧密相关。经典的期望值理论假设决策者是风险中性的,以决策者的期望成本最小或者期望利润最大作为优化目标。然而,在现实中这样的假设太理想化,决策者的决策行为一般与优化结果并不一致[123]。大量的行为博弈和心理学试验研究表明,决策者在进行实际决策时往往会偏离风险中性假设,表现出风险厌恶的偏好。

当风险厌恶的决策者做决策时,经常使用的供应链管理理论和方法主要包括期望效用理论、前景理论和风险度量理论等。

期望效用的思想早在 18 世纪就已经兴起,但直到 20 世纪 40 年代公理化假设被提出以后,才开始形成理论发展起来。与期望值理论不同,期望效用理论认为决策者在随机环境下的价值评估不能由期望值进行表达,应该由效用函数的期望值进行表达。期望效用理论确立了理性决策者在不确定环境下做出选择和分析的理论框架,在风险环境下的优化与决策方面发挥了重要作用。

行为运筹学的研究表明决策者一般是有限理性的,他们的决策行为受心理和认知等因素的影响。此外,学术界研究还发现很多实例违背了期望效用理论中的公理化假设,如偏好逆转效应、Allais 悖论等。在这一背景下,Kahneman 和 Tversky[124]在期望效用理论中引入心理学研究,提出了一种新的关于风险优化的决策模型——前景理论。与期望效用理论不同,前景理论是一种基于经验观察得到的描述性理论,它认为决策者依据参考点、框架等收集和处理信息,依靠价值函数对信息做出最终评判。前景理论框架下,决策者关心的是收益相对于参考点的变化,而不是最终收益。

与前景理论缺乏对风险的直接度量不同,风险度量理论是依据实证分析、主观认知或者公理化假设等建立的对不确定风险能进行定量化描述的理论。通过对不确定性环境下系统风险进行直接定量化的度量,风险度量理论能对风险的最终优化结果做出定量解释,为风险决策与优化提供重要支持。基于风险度量理论研究的文献主要集中在风险优化与决策和风险的测度方面,主要借鉴金融学的理论和方法建立模型,如均值-方差模型、在险价值(value at risk, VaR)模型和条件风险价值模型等。

1. 均值-方差模型

20 世纪 50 年代,Harry Markowitz[125]在研究投资组合问题时,首次用方差度量风险构建了均值-方差模型,开启了风险度量与优化研究的先河。从此,该模型在资产管理和其他金融问题中得到了广泛应用,并衍生出许多的风险优化模型。

均值-方差模型构建的思想是用决策者收益的期望测度投资决策的收益,用决策者收益的方差(标准差)测度投资决策的风险。在该模型下,决策者将考虑收益(均值)和风险(方差)之间的平衡,在保证方差(标准差)一定限制的情况下,最大化期望收益;或者在保证期望收益一定限制的情况下,最小化方差(标准差)。

均值-方差模型只用考虑均值与方差,在实际应用中具有很强的可行性和实用性。例如在经典的报童模型中,假设风险厌恶的决策者的订购量为 Q,期望收益为 $E(Q)$,风险(方差)为 $Var(Q)$,常用的建模方式如表 1-1 所示。

表 1-1 均值-方差模型

模型	1	2	3
优化问题	$\max\limits_{Q} \mathrm{E}(Q)$ s.t. $\mathrm{Var}(Q) \leq t$	$\min\limits_{Q} \mathrm{Var}(Q)$ s.t. $\mathrm{E}(Q) \geq l$	$\max\limits_{Q} \{\mathrm{E}(Q) - \lambda \mathrm{Var}(Q)\}$

其中，模型 1 中 t 为风险厌恶临界值，模型 2 中 l 为期望收益临界值，模型 3 中 λ 反映了决策者的风险厌恶程度。

均值-方差方法存在一定的理论缺陷：在用方差度量潜在风险时，方差表示期望收益与实际收益之间的偏差，这既包括期望收益大于实际收益的偏差，也包括期望收益小于实际收益，但把后者的偏差也认为是风险的一部分显然是不合理的。

为了克服这一缺陷，Harry Markowitz[126]在 20 世纪 60 年代改进了均值-方差方法，提出了只考虑期望收益大于实际收益的偏差，即一种基于下半方差（semi-variance）的风险度量：

$$\rho(Z) = \sqrt{\mathrm{E}[(Z - \mathrm{E}(Z))_+]^2} \qquad (1-1)$$

其中 Z 是随机变量，表示决策者的收益，取正函数定义如下：

$$(y)_+ := \begin{cases} 0, & y \leq 0 \\ y, & y \geq 0 \end{cases}$$

进一步推广到基于 p 次下半方差（p order semi-variance）的风险度量：

$$\rho_p(Z) = \sqrt[p]{\mathrm{E}[(Z - \mathrm{E}(Z))_+]^p} \qquad (1-2)$$

其中 $p \in [1, +\infty)$。

下半方差的风险度量的引入克服了用方差直接度量风险的缺陷，但由于下半方差难以计算，所以应用性不强。

2. 在险价值模型

20 世纪 70 年代，William J. Baumol 首次提出了在险价值模型[127]。此后，这一模型作为金融市场风险优化与测量的主流模型被广泛采用。

在险价值运用概率统计的思想对市场风险进行度量，指在给定的置信水平下，金融资产或投资组合在一定的期限内遭受的最大可能损失，但没有细化决策者期望的损失，其中置信水平和期限是衡量在险价值的两个主要因素。

在数学上，VaR 描述一定持有期限内资产（或资产组合）的损益分布的分位点表达式。给定置信水平 β、随机变量 X（表示随机损失）和概率分布函数 $F_X(x) = \mathrm{Prob}(X \leq x)$，则随机变量 X 在置信水平 β 下的在险价值表示如下：

$$\mathrm{VaR}_\beta(X) = \min\{X : F_X(x) \geq \beta\} \quad (1-3)$$

其中 $\beta \in (0,1)$。风险价值 $\mathrm{VaR}_\beta(X)$ 说明随机损失 X 低于 $\mathrm{VaR}_\beta(X)$ 的概率超过 β，即至少依概率 β 保证随机损失 X 不高于 $\mathrm{VaR}_\beta(X)$。

VaR 作为一种基于风险管理的方法，采用统计技术来度量风险，便于理解与价值判断，在金融界得到了广泛应用，但也存在一些缺陷。首先，在模型方面，随机变量的 VaR 关于置信水平 β 的变化有时是不连续的，这可能造成虽然 β 变化很小，但决策结果波动很大，即导致鲁棒性降低。其次，在求解方面，VaR 关于置信水平 β 是非凸的函数，则以 VaR 作为目标函数或者约束条件的优化问题一般难以求解。最后，在理论上，根据一致性公理的概念，容易证明 VaR 不满足次可加性。

3. 条件风险价值模型

为了克服 VaR 的缺陷，Rockafellar 和 Uryasev[128]首次提出了一种修正 VaR 的新方法：条件风险价值。CVaR 是指损失超过 VaR 情况下的条件均值，量化了当损失超过 VaR 时可能招致的平均损失，比 VaR 更能说明不确定环境下的风险价值。

已知置信水平 β、随机变量 X 和概率分布函数 $F_X(x) = \mathrm{Prob}(X \leq x)$，则条件风险价值 $\mathrm{CVaR}_\beta(X)$ 数学定义如下：当 X 表示随机损失时：

$$\mathrm{CVaR}_\beta(X) = \mathrm{E}[X \mid X \geq \mathrm{VaR}_\beta(X)] \quad (1-4)$$

当 X 表示随机收益时：

$$\mathrm{CVaR}_\beta(X) = \mathrm{E}[X \mid X \leq \mathrm{VaR}_\beta(X)] \quad (1-5)$$

其中式（1-4）中 $\mathrm{CVaR}_\beta(X)$ 表示随机损失 X 高于 $\mathrm{VaR}_\beta(X)$ 下的条件期望损失值；式（1-5）中 $\mathrm{CVaR}_\beta(X)$ 表示随机收益 X 低于 $\mathrm{VaR}_\beta(X)$ 下的条件期望收益值。为了便于计算，Rockafellar 和 Uryasev[128]进一步给出了条件风险价值的等价

形式,式 (1-4) 等价于式 (1-6):

$$\mathrm{CVaR}_\beta(X) = \min_{v \in R}\left\{v + \frac{1}{1-\beta}\mathrm{E}[(X-v)_+]\right\} \qquad (1-6)$$

式 (1-5) 等价于式 (1-7):

$$\mathrm{CVaR}_\beta(X) = \max_{v \in R}\left\{v - \frac{1}{\beta}\mathrm{E}[(v-X)_+]\right\} \qquad (1-7)$$

在式 (1-6) 中,β 越大,反映决策者越厌恶风险。与之相反,在式 (1-7) 中,β 越小,反映决策者越厌恶风险。

由定义可知,CVaR 比 VaR 有更好的数学特性和实用性,首先,CVaR 是一致性风险度量和凸函数,则以 CVaR 为目标函数或约束条件的规划问题易于求解。其次,CVaR 在度量随机损失时,表示尾部损失的期望值,能反映损失超过 VaR 部分的信息。最后,由于 CVaR 是在 VaR 计算的基础上建立的,所以决策者在优化 CVaR 值时,也相应地获得了 VaR 值,故而能够实施双重监测。归因于以上优点,CVaR 的应用十分广泛。近年来,CVaR 方法逐步被越来越多的学者应用于供应链管理的相关研究。

由于本书主要关注 CVaR 准则下决策者风险厌恶偏好对供应链优化与库存决策的影响,所以下面的内容主要对这方面的研究成果进行概括和总结,具体分为库存管理和供应链优化与协调两个方面。

1. CVaR 准则下的库存管理

CVaR 既能对决策者的风险厌恶行为进行较好的描述,又能直接量化风险,所以该方法适用于研究具有风险厌恶偏好的库存问题。Chen 等人[129]给出了用 CVaR 准则研究库存模型的理论框架,本书主要关注 CVaR 准则在不同背景下的库存问题中的应用。

(1) 联合定价的报童模型。Chen 等人[130]研究了报童模型中的订货和定价的联合决策问题,发现当零售价格外生时,报童风险厌恶时的订购量比风险中立时的订购量要小,而当零售价格内生时,情况变得十分复杂。Wu 等人[131]给出了当存在订购量和竞争时报童订货和定价的联合决策问题。Dai 和 Meng[132]在促销影响市场需求的假设条件和 CVaR 准则下,研究了风险厌恶的报童在订货、定价和销售上做出联合决策的问题。

(2) 损失函数的 CVaR 最小化问题。Gotoh 和 Takano[133] 研究了单周期报童问题,构建了目标函数分别是净亏损和总成本两个不同损失函数的 CVaR 最小化的两种线性规划模型,导出了两种情况下报童的最优决策。Xu 等人[134] 运用 CVaR 准则研究了风险厌恶的报童的遗留损失问题,提出了三种最优方法,分别给出了报童的最优决策。

(3) 存在缺货成本问题。Xu 等人[135] 在存在缺货成本和不存在缺货成本两种情况下,用 CVaR 准则研究了风险厌恶的报童的决策问题。Wu 等人[136] 首次考虑存在随机缺货成本的报童问题,运用 VaR 和 CVaR 两种风险测量方法分别分析了报童的期望利润最大化问题。

(4) 多产品市场的库存问题。Zhou 等人[137] 提出了一种具有 CVaR 约束的多产品库存模型,并将该模型转化为一个线性规划模型求解。

(5) 多次订购的报童模型。Han 等人[138] 假设需求不断更新条件下,运用 CVaR 准则研究了风险厌恶的报童两次订购问题,构建了规划模型,采用逆序归纳法给出了报童两次订购的最优决策。

(6) 多周期库存问题。Zhang 等人[139] 分别研究了 VaR 和 CVaR 最小化的单周期和多周期库存控制问题,构建了凸随机规划模型,给出了具体的求解算法。

(7) 多资源约束的库存问题。Luo 等人[140] 以收益函数的 CVaR 最大化为目标函数,研究了基于容量约束和外包的报童模型,给出了报童的最优订购决策。

2. CVaR 准则下的供应链优化与协调

研究表明决策者风险偏好不仅影响自身决策,而且也影响供应链中的供需匹配问题。鉴于 CVaR 的优势,近年来利用 CVaR 研究供应链优化与协调的文献逐渐增多。

(1) 单一风险厌恶决策者情况。Yang 等人[141] 应用 CVaR 准则研究了回购合同、数量柔性合同、收益共享合同和二部定价制合同,给出了这些合同协调供应链的条件。在文献 [141] 的基础上,Zhao 等人[142] 研究了联合合同问题,证明了联合合同比单一合同在供应链协调和参数选取方面更有优势。Wu 等人[143] 给出了 CVaR 准则、价格和成本分别对制造商的最优决策的影响,进一步研究了 CVaR 准则对供应链协调的影响。Zhao 等人[144] 在考虑引入和不考虑期权合同两种情况下,研究了风险中性生产商和风险厌恶零售商的最优决策,发现当引入期权合同时,供应链性能得到提高。Wang 和 Wang[145]在条件风险价值目标下,研究了双向期权合同下风险厌恶零售商的最优决策问题,给出了需求满足均匀分布下的零售商最优订购量的封闭解,证明了双向期权契约比批发价契约更能提高零售商的期望利润。Li 等人[146]考虑了一个由风险中性的供应商和风险厌恶的零售商组成的双渠道供应链,在 CVaR 准则和风险共担合同下,研究了零售商风险厌恶程度对零售价格、两种渠道订购量、两个成员利润和供应链总利润的影响。Xie 等人[147]在均值-条件风险价值目标下,分别运用批发价格契约、回购契约和收益分享契约研究了零售商的风险偏好和风险价格对其最优订购决策和供应链性能的影响。除了文献 [147] 联合运用了均值和条件风险价值,其他文献只使用了条件风险价值,其中文献 [142] 研究了合同效率的问题;文献 [146] 研究了双渠道供应链问题。

(2) 多个风险厌恶决策者情况。Chen 等人[148]在条件风险价值目标下,研究了多个风险厌恶供应商和一个风险厌恶零售商组成的供应链问题,给出了当风险厌恶程度最低的供应商承担全部风险、最低成本的供应商处理所有产品时,他们提出的合同能协调供应链,但是此类协调合同不都是稳定的。Hsieh 和 Lu[149]在需求依赖价格假设下,考虑了一个供应商和两个风险厌恶零售商的供应链问题,在 CVaR 目标下研究了供应商的退货政策和零售商的联合决策问题。Zhou 等人[150]运用 CVaR 准则研究了由一个风险厌恶的供应商和一个风险厌恶的零售商构成的供应链,建立了一个基于斯坦伯格博弈和风险偏好的回购策略模型,导出了各自的最优决策。Wang 等人[151]在 CVaR 准则和期权合同下,研究了由一个风险中性供应商和两个风险厌恶零售商组成的供应链协调问题,其中两个零售商之间存在销售竞争,分别给出了供应商最优的生产决策、零售商最优的订购决策和最优的促销水平,并证明存在唯一的纳什均衡,进一步给出了整个供应链和子链协调的条件。除了文献 [149] 外,其他文献都研究了决策者之间的竞争问题,其中文献 [149] 研究了库存和定价的联合决策问题,文献 [142] 还研究了整个供应链和子链协调问题。

1.3 研究内容和主要创新点

针对不确定性环境带来的供应链风险,本书考虑引入期权合同作为风险对冲工具,研究了基于不同类型期权合同(看涨期权、看跌期权和双向期权)的随机库存问题。在不同的供应链场景下,探讨了决策者最优的决策策略,并分析了引入期权合同对其和供应链的影响。

1.3.1 研究内容

本书的研究内容如下(图1-1)。

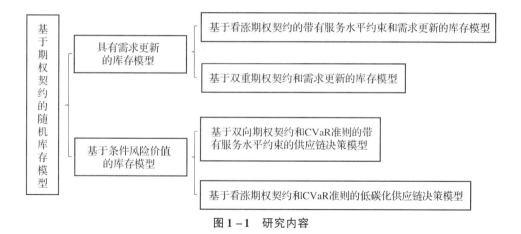

图1-1 研究内容

(1)基于看涨期权契约的带有服务水平约束和需求更新的库存模型。

针对零售商在提前期内无法获得准确的需求信息的情形,本书考虑将传统的两阶段订购系统中的第二阶段固定订购更改为购买看涨期权,在销售期到来后,根据市场需求实现情况确定期权执行数量,此外,为了提高顾客满意度,考虑两阶段的订购总量满足服务水平约束。在上述供应链场景下,构建了两阶段库存模型,分析了零售商关于总的订购量的关键市场信号,以及关键信号、总的订购量和服务水平之间的关系。在此基础上采用逆序分析法研究了零售商两阶段最优的订购策略,并推出了与最优总订购量相对应的服务水平临界值和关键市场信号。进一步研究了零售商最优的期望收益与服务水平之间的关系,以及第一阶段最优固定订购量与市场信息准确性的关系。此外，还研究了市场信号的两种特殊情况：无价值信息情况和完美信息情况。

（2）基于双重期权契约和需求更新的库存模型。

针对第一阶段初始固定订购量已经超过需求信息更新后的需求量的情形，本书在上一个研究问题的基础上考虑了退货问题，即考虑零售商在第一阶段同时确定初始固定订购量和双重期权购买量，需求信息更新以后，在第二阶段确定是否执行期权、执行何种期权、执行多少期权以及紧急购买量等问题。在此种供应链场景下，构建了两阶段库存模型。在是否需要购买看涨期权两种情况下，研究了零售商最优的第一阶段订购量、第二阶段期权执行量和紧急购买量，并推出了最优总订购量与关键市场信号的关系。进一步研究了市场信号的两种特殊情况：无价值信息情况和完美信息情况。此外，通过数值试验说明了市场信息准确性对第一阶段最优固定订购量的影响，当不购买看涨期权时，零售商第一阶段最优固定订购量是随相关系数的增加而减少；当购买看涨期权时，零售商第一阶段最优总的订购量是随相关系数的增加先增加后减少。

（3）基于双向期权契约和 CVaR 准则的带有服务水平约束的供应链决策模型。

本书用条件风险价值刻画风险厌恶，研究了两种模型：无双向期权合同的基础模型和引入双向期权合同的扩展模型，前一种模型是后一种模型研究的基准。针对前一种模型，建立了基于 CVaR 准则，带服务水平约束的零售商订购模型，通过模型求解，给出了零售商最优的固定订购量是一个区间。针对后一种模型，建立了基于双向期权合同和 CVaR 准则，带服务水平约束的零售商订购模型和生产商生产模型，通过两个模型求解，给出了零售商最优总的订购量和期权购买量都是一个区间，与无双向期权合同下不同，生产商最优的生产量不是一个固定值，而是一个区间。通过比较两种模型的解，分析了引入双向期权合同和服务水平对供应链决策的影响。

（4）基于看涨期权契约和 CVaR 准则的低碳化供应链决策模型。

本书用条件风险价值刻画风险厌恶，以钢铁的生产、订购和销售为研究对象，分析了碳税政策下基于看涨期权契约和 CVaR 准则的钢铁供应链决策问题。

通过构建风险厌恶零售商的订购模型和风险中性生产商的生产模型，研究了零售商最优的固定订购量和期权订购量以及生产商的最优生产决策。此外，以宝钢生产、订购和销售为例，通过试验刻画了碳税政策和风险厌恶程度降低零售商的最优订购量，进一步证实引入看涨期权合同能减弱碳税政策和风险厌恶程度的影响。

1.3.2 主要创新点

本书的主要创新点如下。

（1）在基于看涨期权契约的带有服务水平约束和需求更新的库存模型中，考虑了零售商在第二阶段进行弹性补货和总的订购量满足一定的服务水平的问题，给出了零售商关于总的订购量的关键市场信号，以及关键信号、总的订购量和服务水平之间的关系，在此基础上推出了零售商两阶段最优的订购策略，得到了零售商的最优订购策略随服务水平和市场信号的变化，以及零售商第一阶段最优固定订购量随服务水平和市场信息准确性的变化。进一步研究了市场信号的两种特殊情况：无价值信息情况和完美信息情况，并给出了两种情况下零售商两阶段最优的订购策略。

（2）在基于双重期权契约和需求更新的库存模型中，同时考虑了零售商在第二阶段进行弹性补货和退货问题，在两种情况下研究了零售商最优的第一阶段购买量、第二阶段期权执行量和紧急购买量，并推出了最优总订购量与关键市场信号的关系。进一步研究了市场信号的两种特殊情况：无价值信息情况和完美信息情况，给出了两种情况下零售商两阶段最优的订购策略。此外，通过数值试验分析了零售商第一阶段最优订购量与市场信息准确性的关系。

（3）在基于双向期权契约和 CVaR 准则的带有服务水平约束的供应链决策模型中，考虑了决策者的风险厌恶偏好和顾客满意度，在无双向期权合同的基础模型和引入双向期权合同的扩展模型两种模型下，导出了零售商最优的订购策略和生产商最优的生产策略。通过比较两种模型的解，分析了引入期权合同和服务水平对供应链成员决策的影响，以及对供应链性能的影响。此外，还研究了零售商风险厌恶程度对其最优的订购策略的影响。

（4）在基于看涨期权契约和 CVaR 准则的低碳化供应链决策模型中，考虑了决策者的风险厌恶偏好和碳税政策，构建了风险厌恶零售商的订购模型和风险中性生产商的生产模型，研究了零售商最优的固定订购量和期权订购量以及生产商的最优生产决策。以宝钢钢材生产、订购和销售为例，通过试验刻画了碳税政策和风险厌恶程度对最优订购量的影响，进一步证实引入期权合同对决策者最优决策的影响。

第2章 基于看涨期权契约的带有服务水平约束和需求更新的库存模型

2.1 引 言

市场竞争的日趋激烈、产品生命周期的缩短以及顾客差异化的需求使得市场需求变得高度不确定，造成零售商对产品市场需求的预测误差加大。一般越靠近产品的市场销售期，产品的需求信息越有价值，因此零售商希望尽量将订货时间延迟以减小预测误差，降低库存成本或者缺货的风险。然而，上游企业基于生产期、成本等因素的考虑，希望零售商尽早订货，这引发库存管理中供应和需求的矛盾与冲突。为了消除或缓解这种矛盾，零售商需要提高需求的预测精度，上游企业需要增加供应柔性。很多学者提出了二次订购策略，即零售商通过收集第一阶段到第二阶段的市场需求信息，在第二阶段对市场需求信息进行更新，并依据需求更新信息调整在第一阶段的订购量。例如，Ma等人[95]，Yan和Wang[96]和Donohue[98]等。然而在文献［96］的模型中，销售期一旦开始，两阶段的订购量都将无法修订，零售商需要承担订购产品过多的风险。虽然文献［95,98］在两阶段订购和生产系统中研究了退货策略，但生产商接受零售商的退货，为零售商提供回购价格，意味着生产商需要承担生产过多的风险，并且退货过程是有形的，必将产生运输、库存等成本和时间、资金等机会成本。

针对上述问题，如果在生产提前期开始时刻，零售商发出第一次订购，需求更新后，在第二次订购时，采取以购买看涨期权形式对订购量进行调整，当销售季节来临时，依据实际市场需求情况确定是否执行期权以及执行的期权数量，可以回避提前期内市场需求预测与实际市场需求不一致而带来的订货过少或过多的风险。虽然零售商执行看涨期权的过程也属于"退货"（执行看涨期权后的剩余产品本质上相当于"退"给了上游企业），但是其过程是无形的，不会产生任何附加成本；对于"退货"，零售商已经通过支付"期权价格"为上游企业分担了一部分风险。这意味着看涨期权合同不仅能实现收益共享和风险共担，而且能增强零售商订货柔性，增加订购量，从而提高顾客服务水平（满足率），这尤其在当前的买方市场下十分重要。高的顾客满足率不仅可以留住现有的顾客，而且可以吸引来新的顾客，增强企业竞争力。因此，通常企业会承诺一个服务水平，即其总的订购数量满足顾客需求的概率不小于服务水平。Chen 等人[55]研究了带服务水平约束的零售商订购决策和生产商生产决策问题，他们的研究指出引入看涨期权契约不仅能提高零售商的订购量，而且能使零售商和生产商的期望利润都得到提高。

在文献［55，95-96，98］的基础上，本章通过引入看涨期权契约，进一步研究了需求更新环境下带有服务水平约束的二次订购的库存管理问题。本章与文献［95-96，98］的不同主要体现在两个方面：一是第二次订购量的约束范围的不同，本章考虑零售商的第二次订购量是弹性的，即购买看涨期权，而这些文献考虑的第二次订购量是固定的；二是是否考虑顾客服务水平的约束，本章考虑零售商总的订购量需要满足指定的服务水平（服务目标）约束，而这些文献没有考虑此约束。本章与文献［55］的不同也主要体现在两个方面：一是考虑的市场需求的不同，本章考虑的市场需求信息是不断更新的，越靠近销售期，市场需求预测越准确，而文献［55］没有此考虑，仅仅考虑市场需求是随机的；二是两次订购时间的不同，本章考虑在提前期开始时刻进行第一次订购，需求信息更新以后进行第二次订购，而文献［55］在提前期开始时刻同时进行两次订购，并没有根据需求更新的结果进行独立决策。

2.2 模型描述

本章考虑一个带有服务水平约束和需求更新的单周期库存问题。假设提前期是 T 个时间单位,包括两个订购阶段。设 t_1、t_2、t_3 分别代表第一阶段开始时刻、第二阶段开始时刻和第二阶段结束时刻。$t_1 = 0$ 时,提前期开始时刻,这也是第一次订购时刻,零售商根据初始的市场需求预测,确定初始的固定订购量 q_1,订购单价是 w_1。$t_2 = T - 1$ 时,需求信息更新以后,零售商进行第二次订购,以购买看涨期权形式对初始固定订购量进行调整,期权购买量是 q_2,单位期权价格和执行价格分别是 o 和 e_1。$t_3 = T$ 时,第二阶段结束,上游企业交付固定订购量 q_1。在销售季节中,零售商依据实际需求情况执行看涨期权。设单位产品的销售价格是 p,缺货损失是 h,未售出产品的单位残值是 v。为了提高顾客满意度,零售商在 t_3 时刻承诺顾客服务水平 α,即总的产品订购量满足顾客需求的概率不小于 α。令 X 表示市场随机需求,I 表示 t_2 时刻的市场随机信号,用于更新相应的需求分布。I 能被认为是市场需求的期望或方差,假设它仅在 t_2 时刻被揭示。本章模型中常用符号见表 2 - 1。

表 2 - 1 本章模型中常用符号

符号	描述
T	提前期时间
t_1	第一阶段开始时间,$t_1 = 0$
t_2	第二阶段开始时间,$t_2 = T - 1$
t_3	第二阶段结束时间,$t_3 = T$
q_1	初始固定订购量,$q_1 > 0$
q_2	看涨期权购买量
q	总的订购量,$q = q_1 + q_2$
w_1	第一阶段固定订购的单位价格
o	第二阶段购买看涨期权的单位价格

续表

符号	描述
e_1	第二阶段执行看涨期权的单位价格
p	单位销售价格，$w_1 < o + e_1 < p$
c	单位生产成本
v	单位残值价格，$v + o < w_1$
h	零售商单位缺货成本
α	零售商承诺的顾客服务水平，$0 < \alpha \leq 1$
X	市场随机需求，其概率密度函数是 $f(x)$，累计分布函数是 $F(x)$，期望是 $\mathrm{E}(X) = \mu$
I	市场随机信号，其概率密度函数是 $\phi(i)$，假设 $\phi(i) > 0$，累计分布函数是 $\Phi(i)$，期望是 $\mathrm{E}(I) = \eta$
$\theta(i, x)$	I 和 X 的联合概率密度函数
$\Theta(i, x)$	I 和 X 的联合累计分布函数，关于 x 严格递增
$h(x \mid i)$	$I = i$ 时，X 的条件概率密度函数，$h(x \mid i) = \theta(i, x)/\phi(i)$
$H(x \mid i)$	$I = i$ 时，X 的条件累计分布函数，关于 x 严格递增
$\mathrm{E}[X \mid i]$	$I = i$ 时，X 的条件期望，$\mathrm{E}[X \mid i] = \mu(i)$

设 $F(x)$，$\Phi(i)$，$\Theta(i, x)$ 和 $H(x \mid i)$ 均是连续、可微、非负、可逆的累计分布函数。假设市场信号 i 有随机顺序，更新的需求关于信号随机增加，即 $i_1 < i_2$ 时，有 $H(x \mid i_1) > H(x \mid i_2)$。市场信号 $i \in (-\infty, +\infty)$，需求实现 $\in [0, +\infty)$。令 $x^+ = \max\{x, 0\}$，$x \wedge y = \min\{x, y\}$，$x \vee y = \max\{x, y\}$，用上标 $*$ 表示最优情况。为了更清晰地描述模型，现将事件发生的顺序展示在图 2-1 中。

考虑到本章引入看涨期权合同的特点，零售商在第二阶段购买看涨期权，实际上是对第一阶段固定订购量不足的补货。因此，本章建立的模型也是只允许补货的模型。

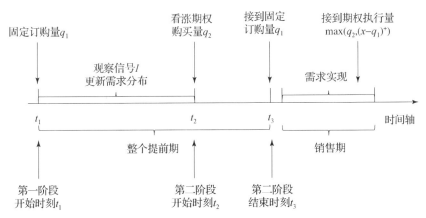

图 2-1　事件发生的顺序及各时间点的信息集合

2.3　模型及最优化问题

零售商在 t_1 确定第一阶段订购量 q_1（初始固定订购量），然后根据观察到的市场信号 $I=i$，以及承诺对顾客的服务水平，在 t_2 确定第二阶段订购量 q_2（看涨期权购买量），零售商确定两阶段订购量的问题可以建立如下两阶段模型。

任意给定零售商第一阶段订购量 q_1 和观察到的信号 $I=i$，当实际市场需求是 $x(i)$ 时，零售商期望收益是

$$\mathrm{E}[\pi_r(q_1,q_2,i)] = -w_1 q_1 - o q_2 + \mathrm{E}[p((q_1+q_2)\wedge x(i))\mid i] + \mathrm{E}[v(q_1-x(i))^+\mid i]$$
$$-\mathrm{E}[e_1(q_2\wedge(x(i)-q_1)^+)\mid i] - \mathrm{E}[h(x(i)-(q_1+q_2))^+\mid i]$$
$$(2-1)$$

式（2-1）右端第一项表示第一阶段订购成本，第二项表示第二阶段购买看涨期权成本，第三项表示期望销售收益，第四项表示残值收益，第五项是执行看涨期权成本，第六项表示缺货损失。

在零售商承诺对顾客服务水平约束下，第二阶段的优化问题表示如下：

$$\overline{V^2}(q_1,i) = \max \mathrm{E}[\pi_r(q_1,q_2,i)]$$
$$\text{s.t.} \begin{cases} q_2 \geq 0 \\ \mathrm{P}(q_1+q_2 \geq x(i)\mid i) \geq \alpha \end{cases} \quad (2-2)$$

给定第一阶段订购量 q_1 和市场信号为 i 时,零售商在 t_2 时刻的优化问题是如何确定第二阶段最优期权购买量 q_2^*,不仅要使总的订购量 q_1+q_2 满足顾客需求 $x(i)$ 的概率不小于服务水平 α,而且需要最大化期望收益 $E[\pi_r(q_1,q_2,i)]$。

下面考虑第一阶段,其最优化问题表示为如下形式:

$$\overline{V^1} = \max_{q_1 \geq 0} E_I[\overline{V^2}(q_1,I)] \tag{2-3}$$

式(2-2)和式(2-3)定义的问题可以表示为如下动态规划问题:

$$P_1': V'^1 = \max_{q_1 \geq 0} E_I[V'^2(q_1,I)]$$

其中

$$P_2': V'^2(q_1,i) = \max E[\pi_r(q_1,q_2,i)]$$

$$\text{s.t.} \begin{cases} q_2 \geq 0 \\ P(q_1+q_2 \geq x(i)|i) \geq \alpha \end{cases}$$

式中,P_1' 和 P_2' 分别为第一阶段和第二阶段的问题;V'^1 和 $V'^2(q_1,i)$ 分别为最优的期望收益和第二阶段 q_1 和 i 给定时的最优期望收益。

为了便于分析两阶段问题,我们用第一阶段和第二阶段累计订单数量表示第二阶段问题,即用 q 代替 q_1+q_2,则零售商期望收益是

$$E[\pi_r(q_1,q,i)] = -(w_1-o)q_1 - oq + E[p(q \wedge x(i))|i] + E[v(q_1-x(i))^+|i]$$
$$- E[e_1((q-q_1) \wedge (x(i)-q_1)^+)|i] - E[h(x(i)-q)^+|i]$$

$$\tag{2-4}$$

则零售商两阶段优化问题 P_1 可以表示成如下形式:

$$P_1: V^1 = \max_{q_1 \geq 0} E_I[V^2(q_1,I)]$$

其中

$$P_2: V^2(q_1,i) = \max E[\pi_r(q_1,q,i)]$$

$$\text{s.t} \begin{cases} q \geq q_1 \\ P(q \geq x(i)|i) \geq \alpha \end{cases}$$

为了分析问题的方便,我们定义无服务水平约束零售商两阶段优化问题 P_{1N} 如下:

$$P_{1N}: V_N^1 = \max_{q_1 \geq 0} E_I[V_N^2(q_1,I)]$$

其中

$$P_{2N}: V_N^2(q_1,i) = \max_{q \geq q_1} E[\pi_r(q_1,q,i)]$$

2.4 第二阶段最优订购策略

虽然第一阶段初始固定订购量的最优决策是在第二阶段购买期权之前做出的,但是此问题是动态规划问题,本节采用逆序归纳法求解,即任意给定第一阶段零售商订购量 q_1 和市场信号 $I=i$,先确定第二阶段的最优期权购买量,然后再确定第一阶段的最优固定购买量。

首先求解无服务水平约束的第二阶段优化问题 P_{2N}:

$$V_N^2(q_1,i) = \max_{q \geq q_1} E[\pi_r(q_1,q,i)] \tag{2-5}$$

由式 (2-4), 得

$$E[\pi_r(q_1,q,i)] = (o + e_1 - w_1)q_1 - (e_1 - v)\int_0^{q_1} H(x|i)dx - h\mu(i)$$
$$+ (p + h - o - e_1)q - (p + h - e_1)\int_0^q H(x|i)dx \tag{2-6}$$

对于任意给定的市场信号 $I=i$ 和第一阶段固定订购量 q_1, 因为

$$\frac{\partial E[\pi_r(q_1,q,i)]}{\partial q} = p + h - o - e_1 - (p + h - e_1)H(q|i) \tag{2-7}$$

和

$$\frac{\partial^2 E[\pi_r(q_1,q,i)]}{\partial q^2} = -(p + h - e_1)h(q|i) < 0 \tag{2-8}$$

所以, $E[\pi_r(q_1,q,i)]$ 是关于 q 的凹函数。令式 (2-7) 等于 0, 可得一阶条件 $p + h - o - e_1 - (p + h - e_1)H(q|i) = 0$, 即 $H(q|i) = \dfrac{p+h-o-e_1}{p+h-e_1}$。令 $\beta = \dfrac{p+h-o-e_1}{p+h-e_1}$, 可得

$$q^\beta(i) = H^{-1}\left(\dfrac{p+h-o-e_1}{p+h-e_1}\bigg|i\right) \tag{2-9}$$

其中，$H^{-1}(\cdot|i)$ 表示需求在市场信号 $I=i$ 时的条件分布函数的逆函数。因此，对于任意给定 $I=i$ 和 q_1，用 $q_N^*(q_1,i)$ 表示无服务水平约束时零售商在第二阶段最优总订购量，则 $q_N^*(q_1,i)=\max\{q_1,q^\beta(i)\}$，用 $q_{2N}^*(q_1,i)$ 表示无服务水平约束时零售商在第二阶段最优期权购买量，则 $q_{2N}^*(q_1,i)=\max\{q_1,q^\beta(i)\}-q_1$。

下面求解带有服务水平约束的第二阶段优化问题，即 P_2：

$$V^2(q_1,i)=\max E[\pi_r(q_1,q,i)]$$

$$\text{s. t.}\begin{cases}q\geq q_1\\ P(q\geq x(i)|i)\geq \alpha\end{cases} \quad (2-10)$$

从式（2-10）的约束条件 $P(q\geq x(i)|i)\geq \alpha$，可以推导出 $q(i)\geq H^{-1}(\alpha|i)$。令

$$q^\alpha(i)=H^{-1}(\alpha|i) \quad (2-11)$$

对于任意给定 $I=i$ 和 q_1，用 $q^*(q_1,i)$ 表示带有服务水平约束时零售商在第二阶段最优总订购量，则

$$q^*(q_1,i)=\max\{q_N^*,q^\alpha(i)\}=\max\{q_1,q^\beta(i),q^\alpha(i)\} \quad (2-12)$$

用 $q_2^*(q_1,i)$ 表示带有服务水平约束时零售商在第二阶段最优期权购买量，则

$$q_2^*(q_1,i)=\max\{q_N^*(q_1,i),q^\alpha(i)\}-q_1=\max\{q_1,q^\beta(i),q^\alpha(i)\}-q_1$$

$$(2-13)$$

任意给定 q，令 $i_\beta(q)\equiv \arg\max_i H(q|i)\geq \dfrac{p+h-o-e_1}{p+h-e_1}=\beta$ 和 $i_\alpha(q)\equiv \arg\max_i H(q|i)\geq \alpha$，可得 $q^\beta(i)=H^{-1}(\beta|i)$ 和 $q^\alpha(i)=H^{-1}(\alpha|i)$。综上所述，对任意给定 δ，满足 $1\geq \delta>0$，令 $i_\delta(q)\equiv \arg\max_i H(q|i)\geq \delta$，可得 $q^\delta(i)=H^{-1}(\delta|i)$。因此，对任意给定的 q 和 δ，$i_\delta(q)$ 是确定 q 的关键信号，即当 $i<i_\delta(q)$ 时，$P(q\geq x(i)|i)>\delta$，当 $i>i_\delta(q)$ 时，$P(q\geq x(i)|i)<\delta$。当任意给定 i 和 δ 时，$q^\delta(i)$ 是方程 $P(q\geq x(i)|i)=\delta$ 的解。引理 2-1 进一步分析了关键信号和订购量的性质及其之间关系。

引理 2-1：(1) 关键信号 $i_\delta(q)$ 关于 q 严格递增，关于 δ 严格递减。

(2) 总订购量 $q^\delta(i)$ 关于 i 和 δ 都是严格递增的。

证明 (1) 对于任意给定的 δ，假设 $q'<q''$，q' 和 q'' 分别对应市场信号 i' 和

i''，可得 $q'^{\delta}(i) = H^{-1}(\delta | i')$ 和 $q''^{\delta}(i) = H^{-1}(\delta | i'')$，即 $\delta = H(q' | i')$ 和 $\delta = H(q'' | i'')$。因为 $H(q | i)$ 关于 q 是严格单调递增的，可得 $\delta = H(q' | i') < H(q'' | i')$，显然 $\delta = H(q'' | i'') < H(q'' | i')$，根据当 $i_1 < i_2$ 时，有 $H(x | i_1) > H(x | i_2)$，可知 $i' < i''$。根据关键信号 $i_{\delta}(q)$ 的定义可知，$i_{\delta}(q') = i'$，$i_{\delta}(q'') = i''$，即 $i_{\delta}(q') < i_{\delta}(q'')$，因此，关键信号 $i_{\delta}(q)$ 关于 q 严格递增。

对于任意给定的 q，假设 $0 < \delta' < \delta'' \leq 1$，$\delta'$ 和 δ'' 分别对应市场信号 i' 和 i''，可得 $\delta' = H(q | i')$ 和 $\delta'' = H(q | i'')$，显然 $H(q | i') < H(q | i'')$，根据当 $i_1 < i_2$ 时，有 $H(x | i_1) > H(x | i_2)$，可知 $i' > i''$。根据关键信号 $i_{\delta}(q)$ 的定义可知，$i_{\delta'}(q) = i'$，$i_{\delta''}(q) = i''$，即 $i_{\delta'}(q) > i_{\delta''}(q)$，因此，关键信号 $i_{\delta}(q)$ 关于 δ 严格递减。

（2）对于任意给定的 δ，假设 $i' < i''$，依据 $i_{\delta}(q) \equiv \arg\max_i H(q | i) \delta$ 和 $q^{\delta}(i) = H^{-1}(\delta | i)$ 可知，$q^{\delta}(i') = H^{-1}(\delta | i')$ 和 $q^{\delta}(i'') = H^{-1}(\delta | i'')$，可得 $\delta = H(q^{\delta}(i') | i') = H(q^{\delta}(i'') | i'')$。因为 $i' < i''$ 时，$H(q^{\delta}(i') | i') > H(q^{\delta}(i') | i'')$，则 $\delta = H(q^{\delta}(i') | i') > H(q^{\delta}(i') | i'')$，即 $H(q^{\delta}(i'') | i'') > H(q^{\delta}(i') | i'')$，显然可得 $q^{\delta}(i'') > q^{\delta}(i')$，因此，订购量 $q^{\delta}(i)$ 关于 i 严格递增。

对于任意给定的市场信号 i，假设 $\delta' < \delta''$，因为 $i_{\delta'}(q) \equiv \arg\max_i H(q | i) \geq \delta'$ 和 $i_{\delta''}(q) \equiv \arg\max_i H(q | i) \geq \delta''$，可得 $q^{\delta'}(i) = H^{-1}(\delta' | i)$ 和 $q^{\delta''}(i) = H^{-1}(\delta'' | i)$。根据 $H^{-1}(\delta'' | i)$ 关于 δ 单调递增，可得 $H^{-1}(\delta' | i) < H^{-1}(\delta'' | i)$，即 $q^{\delta'}(i) < q^{\delta''}(i)$。因此，订购量 $q^{\delta}(i)$ 关于 δ 严格递增。

利用引理 2-1 和式（2-13）可知，零售商在第二阶段的最优订购策略如下。

命题 2-1：任意给定零售商在第一阶段固定订购量 q_1 和 t_2 时刻观察到的市场信号 i，零售商在第二阶段的最优期权购买量 $q_2^*(q_1, i)$ 满足如下关系。

（1）当 $\alpha < \dfrac{p + h - o - e}{p + h - e}$ 时：

$$q_2^*(q_1, i) = \begin{cases} 0, & i < i_{\beta}(q_1) \\ q^{\beta}(i) - q_1, & i \geq i_{\beta}(q_1) \end{cases}$$

（2）当 $\alpha \geq \dfrac{p + h - o - e_1}{p + h - e_1}$ 时：

$$q_2^*(q_1,i) = \begin{cases} 0, & i < i_\alpha(q_1) \\ q^\alpha(i) - q_1, & i \geq i_\alpha(q_1) \end{cases}$$

证明 （1）当 $\alpha < \dfrac{p+h-o-e_1}{p+h-e_1} = \beta$ 时，根据引理 2-1，可得 $q^\beta(i) > q^\alpha(i)$ 和 $i_\beta(q_1) < i_\alpha(q_1)$。当 $i < i_\beta(q_1)$ 时，$H(q^\beta(i)|i) = H(q_1|i_\beta(q_1)) = \beta$，$H(q^\beta(i)|i_\beta(q_1)) < H(q^\beta(i)|i) = H(q_1|i_\beta(q_1))$，可得 $q^\beta(i) < q_1$。根据式（2-12），$q^*(q_1,i) = \max\{q_N^*, q^\alpha(i)\} = \max\{q_1, q^\beta(i), q^\alpha(i)\}$，可得 $q^*(q_1,i) = q_1$。根据式（2-13），$q_2^*(q_1,i) = \max\{q_N^*, q^\alpha(i)\} = \max\{q_1, q^\beta(i), q^\alpha(i)\} - q_1$，可得 $q_2^*(q_1,i) = q_1 - q_1 = 0$。当 $i > i_\beta(q_1)$ 时，$H(q^\beta(i)|i_\beta(q_1)) > H(q^\beta(i)|i) = H(q_1|i_\beta(q_1))$，可得 $q^\beta(i) > q_1$，因而，$q^*(q_1,i) = q^\beta(i)$ 和 $q_2^*(q_1,i) = q^\beta(i) - q_1$。

（2）当 $\alpha \geq \dfrac{p+h-o-e_1}{p+h-e_1}$ 时，根据引理 2-1，可得 $q^\beta(i) \leq q^\alpha(i)$ 和 $i_\beta(q_1) \geq i_\alpha(q_1)$。当 $i < i_\alpha(q_1)$ 时，由引理 2-1（2）知，订购量 $q^\delta(i)$ 关于 δ 严格递增，$q^\alpha(i) = H^{-1}(\alpha|i) < H^{-1}(\alpha|i_\alpha(q_1)) = q_1$，进一步可得 $q^\beta(i) < q^\alpha(i) < q_1$。根据式（2-12），可得 $q^*(q_1,i) = q_1$。根据式（2-13），可得 $q_2^*(q_1,i) = q_1 - q_1 = 0$。当 $i > i_\alpha(q_1)$ 时，$q^\alpha(i) = H^{-1}(\alpha|i) > H^{-1}(\alpha|i_\alpha(q_1)) = q_1$，则 $(q_1 \vee q^\beta(i)) < q^\alpha(i)$。根据式（2-12），可得 $q^*(q_1,i) = q^\alpha(i)$。根据式（2-13），可得 $q_2^*(q_1,i) = q^\alpha(i) - q_1$。

为了便于分析问题，令 $i(q) \equiv \arg\max_i H(q|i)\left(\dfrac{p+h-o-e_1}{p+h-e_1} \vee \alpha\right)$，定义当服务水平 $\alpha < \dfrac{p+h-o-e_1}{p+h-e_1}$ 时为低服务水平，当服务水平 $\alpha \geq \dfrac{p+h-o-e_1}{p+h-e_1}$ 时为高服务水平。显然，当零售商提供低服务水平时，$i(q) = i_\beta(q)$，当零售商提供高服务水平时，$i(q) = i_\alpha(q)$。进一步定义当市场信号 $i < i(q)$ 时为低市场信号，当市场信号 $i \geq i(q)$ 时为高市场信号。下面用图 2-2 对命题 2-1 进行更直观的描述。

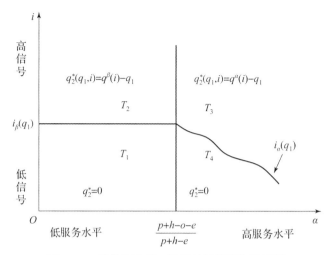

图 2-2　零售商在第二阶段的最优期权购买量

从图 2-2 可以直观地看出，如果 t_2 时刻观察到的是低信号，即 $i < i_\beta(q_1)$，对应图 2-2 中 T_1 和 T_4 区域，不管零售商承诺的服务水平是高还是低，进行第二次订购都不是最优的，因为 t_1 时刻的固定订购量足以满足市场信号更新的需求，即不等式 $P(q_1 \geqslant x(i) \mid i) \geqslant \alpha$ 恒成立。假若 t_2 时刻观察到的是高信号，对应图 2-2 中 T_2 和 T_3 区域，这说明第一阶段的固定订购量不能满足市场信号更新的需求，零售商会在 t_2 时刻进行第二次订购以满足信号更新的需求。第二阶段期权购买量的多少依赖于服务水平的高低，如果零售商承诺的是低服务水平，即 $\alpha < \dfrac{p+h-o-e_1}{p+h-e_1}$，对应于图 2-2 中 T_2 区域，则第二阶段最优的期权购买量是 $q_2^*(q_1, i) = q^\beta(i) - q_1$，则服务水平的约束自动满足。假若零售商承诺的是高服务水平，即 $\alpha \geqslant \dfrac{p+h-o-e_1}{p+h-e_1}$，对应于图 2-2 中 T_4 区域，此时如果零售商第二阶段期权购买量还是 $q^\beta(i) - q_1$，则总的订购量不能满足服务水平的约束，因此，为了满足服务水平的约束，零售商需要将第二阶段订购量提高到 $q^\alpha(i) - q_1$，即总的订购量为 $q^\alpha(i)$。

根据命题 2-1，考虑特殊情况，假设零售商不承诺对顾客服务水平，即不存在服务水平约束时，零售商在第二阶段期权购买量是 $q_2^*(q_1, i) =$

$$\begin{cases} 0, & i < i_\beta(q_1) \\ q^\beta(i) - q_1, & i \geq i_\beta(q_1) \end{cases}$$。显然,当零售商承诺服务水平时,零售商在第二阶段的最优期权订购量变得复杂。由命题 2-1,任意给定第一阶段订购量 q_1 和市场信号 i 时,容易推导出零售商最优总的订购量 $q^*(q_1, i)$ 满足如下关系。

(1) 当 $\alpha < \dfrac{p + h - o - e_1}{p + h - e_1}$ 时:

$$q^*(q_1, i) = \begin{cases} q_1, & i < i_\beta(q_1) \\ q^\beta(i), & i \geq i_\beta(q_1) \end{cases}$$

(2) 当 $\alpha \geq \dfrac{p + h - o - e_1}{p + h - e_1}$ 时:

$$q^*(q_1, i) = \begin{cases} q_1, & i < i_\alpha(q_1) \\ q^\alpha(i), & i \geq i_\alpha(q_1) \end{cases}$$

2.5 第一阶段最优订购策略

零售商第一阶段优化问题 P_1 数学描述如下:

$$P_1: V^1 = \max_{q_1 \geq 0} E_I[V^2(q_1, I)]$$

其中

$$V^2(q_1, i) = \max E[\pi_r(q_1, q, i)]$$

$$\text{s. t.} \begin{cases} q \geq q_1 \\ P(q \geq x(i) \mid i) \geq \alpha \end{cases}$$

在求解第一阶段最优固定订购量之前,先给出问题 P_1 的目标函数的性质。

引理 2-2: $E_I[V^2(q_1, I)]$ 关于 q_1 是凹函数。

证明 因为 $\{q(i) \mid P(q \geq x(i) \mid i) \geq \alpha\} = \{q(i) \mid q \geq H^{-1}(\alpha \mid i)\}$ 和 $q \geq q_1$,则问题 P_1 的约束条件可以表示为 $q(i) \geq \max\{H^{-1}(\alpha \mid i), q_1\}$。令 $A \equiv \{q(i) \mid q(i) \geq \max\{H^{-1}(\alpha \mid i), q_1\}\}$,下面证明 A 为凸集,设 $q'(i) \in A$, $q''(i) \in A$, $\theta \in [0, 1]$,则 $\theta q'(i) + (1 - \theta) q''(i) \geq \max\{H^{-1}(\alpha \mid i), q_1\}$,可得集合 A 为凸集。根据

方程 (2-8),$\frac{\partial^2 \mathrm{E}[\pi_r(q_1,q,i)]}{\partial q^2} = -(p+h-e_1)h(q|i) < 0$,所以 $\mathrm{E}[\pi_r(q_1,q,i)]$ 在凸集 A 上关于 q 是凹函数,则可得当 $P(q \geq x(i)|i) \geq \alpha$ 时,$\min_{q_1 \leq q} -\mathrm{E}[\pi_r(q_1,q,i)]$ 关于 q_1 是凸函数。因为当 $P(q \geq x(i)|i) \geq \alpha$ 时,$-V^2(q_1,i) = \min_{q_1 \leq q} -\mathrm{E}[\pi_r(q_1,q,i)]$,则 $-V^2(q_1,i)$ 关于 q_1 也是凸函数,即 $V^2(q_1,i)$ 关于 q_1 是凹函数。又因为期望运算不改变凸凹性,所以 $\mathrm{E}_I[V^2(q_1,I)]$ 关于 q_1 也是凹函数。

由式 (2-6) 和第二阶段优化问题 P_2 可知,$V^2(q_1,i) = (o+e_1-w_1)q_1 - (e-v)\int_0^{q_1} H(x|i)\mathrm{d}x - h\mu(i) + (p+h-o-e_1)q^* - (p+h-e_1)\int_0^{q^*} H(x|i)\mathrm{d}x$,由第一阶段优化问题 P_1 可知:

$$\begin{aligned}
\mathrm{E}_I[V^2(q_1,I)] = & (o+e_1-w_1)q_1 - (e_1-v)\int_{-\infty}^{+\infty}\int_0^{q_1} H(x|i)\mathrm{d}x\phi(i)\mathrm{d}i \\
& - h\int_{-\infty}^{+\infty}\mu(i)\phi(i)\mathrm{d}i \\
& + (p+h-o-e_1)\left[\int_{-\infty}^{i(q_1)} q_1\phi(i)\mathrm{d}i + \int_{i(q_1)}^{+\infty} q^*\phi(i)\mathrm{d}i\right] \\
& - (p+h-e_1)\left[\int_{-\infty}^{i(q_1)}\int_0^{q_1} H(x|i)\mathrm{d}x\phi(i)\mathrm{d}i \right. \\
& \left. + \int_{i(q_1)}^{+\infty}\int_0^{q^*} H(x|i)\mathrm{d}x\phi(i)\mathrm{d}i\right]
\end{aligned}$$

其中,$q^*(q_1,i) = \max\{q_N^*, q^\alpha(i)\} = \max\{q_1, q^\beta(i), q^\alpha(i)\}$,$i(q_1) \equiv \arg\max_i H(q_1|i) \geq \left(\frac{p+h-o-e_1}{p+h-e_1}\right) \vee \alpha$。$\mathrm{E}_I[V^2(q_1,I)]$ 关于 q_1 求一阶导数为

$$\begin{aligned}
\frac{\mathrm{d}\mathrm{E}_I[V^2(q_1,I)]}{\mathrm{d}q_1} = & o+e_1-w_1 - (e_1-v)\int_{-\infty}^{+\infty} H(q_1|i)\phi(i)\mathrm{d}i \\
& + (p+h-o-e_1)\int_{-\infty}^{i(q_1)}\phi(i)\mathrm{d}i \\
& - (p+h-e_1)\int_{-\infty}^{i(q_1)} H(q_1|i)\phi(i)\mathrm{d}i
\end{aligned}$$

利用引理 2-2 和导数一阶最优条件可知,零售商在第一阶段最优的订购策略如下。

命题 2-2：零售商在第一阶段最优固定订购量 q_1^* 满足下面方程：

$$o + e_1 - w_1 - (e_1 - v)\int_{-\infty}^{+\infty} H(q_1^* \mid i)\phi(i)\mathrm{d}i + (p + h - o - e_1)\Phi(i(q_1^*))$$
$$- (p + h - e_1)\int_{-\infty}^{i(q_1^*)} H(q_1^* \mid i)\phi(i)\mathrm{d}i = 0 \qquad (2-14)$$

当零售商承诺低服务水平时，即 $\alpha < \dfrac{p+h-o-e_1}{p+h-e_1}$，可得 $i(q_1) = i^\beta(q_1)$，由命题 2-1 知，无论观察到的是高信号还是低信号，总的订购量恒满足服务水平约束，在此种情况下，两阶段优化问题 P_1 与问题 P_{1N} 等价。命题 2-3 给出了此时零售商最优策略。

命题 2-3：当 $\alpha < \dfrac{p+h-o-e_1}{p+h-e_1}$ 时，优化问题 P_1 与问题 P_{1N} 等价，零售商两阶段的最优订购策略如下。

(1) 第一阶段最优的固定订购量 $\overline{q_1}$ 满足

$$o + e_1 - w_1 - (e_1 - v)\int_{-\infty}^{+\infty} H(\overline{q_1} \mid i)\phi(i)\mathrm{d}i + (p + h - o - e_1)\Phi(i_\beta(\overline{q_1}))$$
$$- (p + h - e_1)\int_{-\infty}^{i_\beta(\overline{q_1})} H(\overline{q_1} \mid i)\phi(i)\mathrm{d}i = 0 \qquad (2-15)$$

(2) 第二阶段最优的期权购买量 $\overline{q_2}(\overline{q_1}, i)$ 满足

$$\overline{q_2}(\overline{q_1}, i) = \begin{cases} 0, & i < i_\beta(\overline{q_1}) \\ q^\beta(i) - \overline{q_1}, & i \geq i_\beta(\overline{q_1}) \end{cases}$$

虽然命题 2-3 是对低服务水平约束下的问题 P_1 和 P_{1N} 给出的结论，但由于问题 P_{1N} 没有服务水平的约束，所以该结论同样适用于高服务水平约束下的问题 P_{1N}。对于两阶段优化问题 P_{1N} 和低服务水平约束下的问题 P_1，下文中均使用 $\overline{q_1}$ 和 $\overline{q_2}(\overline{q_1}, i)$ 分别表示零售商在第一阶段的最优固定订购量和在第二阶段的最优期权购买量。

根据命题 2-3，当 $\alpha < \dfrac{p+h-o-e_1}{p+h-e_1}$ 时：

$$\mathrm{E}_I[V^2(\overline{q_1}, I)] = (o + e_1 - w_1)\overline{q_1} - (e_1 - v)\int_{-\infty}^{+\infty}\int_0^{\overline{q_1}} H(x \mid i)\mathrm{d}x\phi(i)\mathrm{d}i$$

$$-h\int_{-\infty}^{+\infty}\mu(i)\phi(i)\mathrm{d}i + (p+h-o-e_1)\left[\int_{-\infty}^{i(\overline{q_1})}\overline{q_1}\phi(i)\mathrm{d}i\right.$$

$$\left. + \int_{i(\overline{q_1})}^{+\infty}q^\beta(i)\phi(i)\mathrm{d}i\right]$$

$$-(p+h-e_1)\left[\int_{-\infty}^{i(\overline{q_1})}\int_0^{\overline{q_1}}H(x\mid i)\mathrm{d}x\phi(i)\mathrm{d}i\right.$$

$$\left. + \int_{i(\overline{q_1})}^{+\infty}\int_0^{q^\beta(i)}H(x\mid i)\mathrm{d}x\phi(i)\mathrm{d}i\right]$$

联合方程（2-15），可推出零售商最优的期望利润是

$$V^1(\overline{q_1}) = -h\mu + (e_1-v)\int_{-\infty}^{+\infty}\left[\overline{q_1}-\int_0^{\overline{q_1}}H(x\mid i)\mathrm{d}x\right]\phi(i)\mathrm{d}i$$

$$+ (p+h-e_1)\left[\int_{-\infty}^{i_\beta(q_1)}\int_0^{\overline{q_1}}xh(x\mid i)\mathrm{d}x\phi(i)\mathrm{d}i\right.$$

$$\left. + \int_{i_\beta(\overline{q_1})}^{+\infty}\int_0^{q^\beta(i)}xh(x\mid i)\mathrm{d}x\phi(i)\mathrm{d}i\right]$$

由上述的分析可知，无服务水平约束优化问题 P_{1N} 下零售商最优的期望利润 $V^1(\overline{q_1})$ 是问题 P_1 下零售商最优的期望利润的上界。

当零售商承诺高服务水平时，即 $\alpha \geqslant \dfrac{p+h-o-e_1}{p+h-e_1}$，可得 $i(q_1) = i^\alpha(q_1)$，由命题2-1知，若观察到的市场信号是高信号，服务水平约束起作用，在此种情况下，零售商两阶段优化问题是 P_1。命题2-4给出了此时零售商最优决策。

命题 2-4：当 $\alpha \geqslant \dfrac{p+h-o-e_1}{p+h-e_1}$ 时，零售商两阶段的最优订购策略如下。

（1）第一阶段最优的固定订购量 $q_1^*(\alpha)$ 满足

$$o + e_1 - w_1 - (e_1-v)\int_{-\infty}^{+\infty}H(q_1^*(\alpha)\mid i)\phi(i)\mathrm{d}i + (p+h-o-e_1)\Phi(i_\alpha(q_1^*(\alpha)))$$

$$- (p+h-e_1)\int_{-\infty}^{i_\alpha(q_1^*(\alpha))}H(q_1^*(\alpha)\mid i)\phi(i)\mathrm{d}i = 0 \qquad (2-16)$$

（2）第二阶段最优的期权购买量 $q_2^*(q_1^*(\alpha),i)$ 满足

$$q_2^*(q_1^*(\alpha),i) = \begin{cases} 0, & i < i_\alpha(q_1^*(\alpha)) \\ q^\alpha(i) - q_1^*(\alpha), & i \geqslant i_\alpha(q_1^*(\alpha)) \end{cases}$$

对于高服务水平下的两阶段优化问题 P_1，下文中均使用 $q_1^*(\alpha)$ 和 $q_2^*(q_1^*(\alpha), i)$ 分别表示零售商在第一阶段的最优固定订购量和在第二阶段的最优期权购买量。由命题 2-4 可知，当 $\alpha \geq \dfrac{p+h-o-e_1}{p+h-e_1}$ 时：

$$E_I[V^2(q_1^*(\alpha), I)]$$
$$= (o + e_1 - w_1)q_1^*(\alpha) - (e_1 - v)\int_{-\infty}^{+\infty}\int_0^{q_1^*(\alpha)} H(x \mid i)\mathrm{d}x\phi(i)\mathrm{d}i - h\int_{-\infty}^{+\infty}\mu(i)\phi(i)\mathrm{d}i$$
$$+ (p + h - o - e_1)\left[\int_{-\infty}^{i(q_1^*(\alpha))} q_1^*(\alpha)\phi(i)\mathrm{d}i + \int_{i(q_1^*(\alpha))}^{+\infty} q^\alpha(i)\phi(i)\mathrm{d}i\right]$$
$$- (p + h - e_1)\left[\int_{-\infty}^{i(q_1^*(\alpha))}\int_0^{q_1^*(\alpha)} H(x \mid i)\mathrm{d}x\phi(i)\mathrm{d}i + \int_{i(q_1^*(\alpha))}^{+\infty}\int_0^{q^\alpha(i)} H(x \mid i)\mathrm{d}x\phi(i)\mathrm{d}i\right]$$

联合方程（2-16），可推出零售商最优的期望利润是

$$V^1(q_1^*(\alpha)) = -h\mu + (e_1 - v)\int_{-\infty}^{+\infty}\left[q_1^*(\alpha) - \int_0^{q_1^*(\alpha)} H(x \mid i)\mathrm{d}x\right]\phi(i)\mathrm{d}i$$
$$+ (p + h - e_1) \times \left[\int_{i_\alpha(q_1^*(\alpha))}^{+\infty}\left(\dfrac{p+h-o-e_1}{p+h-e_1} - \alpha\right)q^\alpha(i)\phi(i)\mathrm{d}i\right.$$
$$\left.+ \int_{i_\alpha(q_1^*(\alpha))}^{+\infty}\int_0^{q^\alpha(i)} xh(x \mid i)\mathrm{d}x\phi(i)\mathrm{d}i\right]$$
$$+ (p + h - e_1)\int_{-\infty}^{i_\alpha(q_1^*(\alpha))}\int_0^{q_1^*(\alpha)} xh(x \mid i)\mathrm{d}x\phi(i)\mathrm{d}i$$

利用命题 2-3 和命题 2-4，针对问题 P_{1N} 和 P_1，当 $\alpha \geq \dfrac{p+h-o-e_1}{p+h-e_1}$ 时，下面的命题给出了关键信号、第一阶段最优订购决策和最优期望利润之间的关系。

命题 2-5：当 $\alpha \geq \dfrac{p+h-o-e_1}{p+h-e_1}$ 时，以下关系成立。

(1) $i_\alpha(q_1^*(\alpha)) \leq i_\beta(\overline{q_1})$。

(2) $q_1^*(\alpha) \geq \overline{q_1}$。

(3) $V^1(q_1^*(\alpha)) \leq V^1(\overline{q_1})$。

证明 (1) 采用反证法证明。假设 $i_\alpha(q_1^*(\alpha)) > i_\beta(\overline{q_1})$，则 $H(\overline{q_1} \mid i_\alpha(q_1^*(\alpha))) < H(\overline{q_1} \mid i_\beta(\overline{q_1}))$。因为 $H(\overline{q_1} \mid i_\beta(\overline{q_1})) = \beta = \dfrac{p+h-o-e_1}{p+h-e_1}$，

第 2 章　基于看涨期权契约的带有服务水平约束和需求更新的库存模型　　45

$H(q_1^*(\alpha) | i_\alpha(q_1^*(\alpha))) = \alpha$ 和 $\dfrac{p+h-o-e_1}{p+h-e_1} \leqslant \alpha$，可得 $H(\overline{q_1} | i_\alpha(q_1^*(\alpha))) < H(q_1^*(\alpha) | i_\alpha(q_1^*(\alpha)))$。根据 $H(x | i)$ 关于 x 单调递增的性质可知，$\overline{q_1} < q_1^*(\alpha)$。方程 (2-16) 可化为如下形式方程：

$$0 = o + e_1 - w_1 - (e_1 - v)\int_{-\infty}^{+\infty} H(q_1^*(\alpha) | i)\phi(i)\mathrm{d}i$$
$$+ (p + h - o - e_1)\Phi(i_\beta(\overline{q_1})) - (p + h - e_1)\int_0^{i_\beta(\overline{q_1})} H(q_1^*(\alpha) | i)\phi(i)\mathrm{d}i$$
$$+ (p + h - o - e_1)[\Phi(i_\alpha(q_1^*(\alpha))) - \Phi(i_\beta(\overline{q_1}))]$$
$$- (p + h - e_1)\int_{i_\beta(\overline{q_1})}^{i_\alpha(q_1^*(\alpha))} H(q_1^*(\alpha) | i)\phi(i)\mathrm{d}i \quad (2-17)$$

由 $\overline{q_1} < q_1^*(\alpha)$ 可知，$H(\overline{q_1} | i) < H(q_1^*(\alpha) | i)$，利用方程 (2-15) 可以证明式 (2-18)：

$$o + e_1 - w_1 - (e_1 - v)\int_{-\infty}^{+\infty} H(q_1^*(\alpha) | i)\phi(i)\mathrm{d}i$$
$$+ (p + h - o - e_1)\Phi(i_\beta(\overline{q_1})) - (p + h - e_1)\int_0^{i_\beta(\overline{q_1})} H(q_1^*(\alpha) | i)\phi(i)\mathrm{d}i < 0$$
$$(2-18)$$

因为当 $i < i_\alpha(q_1^*(\alpha))$ 时，$H(q_1^*(\alpha) | i) > \alpha$，所以 $\alpha[\Phi(i_\alpha(q_1^*(\alpha))) - \Phi(i_\beta(\overline{q_1}))] \leqslant \int_{i_\beta(\overline{q_1})}^{i_\alpha(q_1^*(\alpha))} H(q_1^*(\alpha) | i)\phi(i)\mathrm{d}i$，可得

$$(p + h - o - e_1)[\Phi(i_\alpha(q_1^*(\alpha))) - \Phi(i_\beta(\overline{q_1}))]$$
$$- (p + h - e_1)\int_{i_\beta(\overline{q_1})}^{i_\alpha(q_1^*(\alpha))} H(q_1^*(\alpha) | i)\phi(i)\mathrm{d}i$$
$$\leqslant (p + h - e_1)\left[\dfrac{p+h-o-e_1}{p+h-e_1} - \alpha\right][\Phi(i_\alpha(q_1^*(\alpha))) - \Phi(i_\beta(\overline{q_1}))] < 0$$
$$(2-19)$$

利用式 (2-18) 和式 (2-19)，可以证明式 (2-17) 不成立，即假设错误，可得 $i_\alpha(q_1^*(\alpha)) \leqslant i_\beta(\overline{q_1})$。

(2) 采用反证法证明。假设 $\overline{q_1} > q_1^*(\alpha)$。方程 (2-15) 可化为如下形式

方程：

$$0 = o + e_1 - w_1 - (e_1 - v)\int_{-\infty}^{+\infty} H(\overline{q_1}\mid i)\phi(i)\mathrm{d}i$$

$$+ (p + h - o - e_1)\Phi(i_\alpha(q_1^*(\alpha))) - (p + h - e_1)\int_0^{i_\alpha(q_1^*(\alpha))} H(\overline{q_1}\mid i)\phi(i)\mathrm{d}i$$

$$+ (p + h - o - e_1)[\Phi(i_\beta(\overline{q_1})) - \Phi(i_\alpha(q_1^*(\alpha)))]$$

$$- (p + h - e_1)\int_{i_\alpha(q_1^*(\alpha))}^{i_\beta(\overline{q_1})} H(\overline{q_1}\mid i)\phi(i)\mathrm{d}i \tag{2-20}$$

当 $\overline{q_1} > q_1^*(\alpha)$ 时，可得 $H(\overline{q_1}\mid i) > H(q_1^*(\alpha)\mid i)$，利用方程（2-16）可以证明式（2-21）：

$$o + e_1 - w_1 - (e_1 - v)\int_{-\infty}^{+\infty} H(\overline{q_1}\mid i)\phi(i)\mathrm{d}i + (p + h - o - e_1)\Phi(i_\alpha(q_1^*(\alpha)))$$

$$- (p + h - e_1)\int_0^{i_\alpha(q_1^*(\alpha))} H(\overline{q_1}\mid i)\phi(i)\mathrm{d}i < 0 \tag{2-21}$$

因为当 $i < i_\beta(\overline{q_1})$ 时，$H(\overline{q_1}\mid i) > \beta = \dfrac{p+h-o-e}{p+h-e}$，所以 $\dfrac{p+h-o-e_1}{p+h-e_1}[\Phi(i_\beta(\overline{q_1})) - \Phi(i_\alpha(q_1^*(\alpha)))] < \int_{i_\alpha(q_1^*(\alpha))}^{i_1(\overline{q_1})} H(\overline{q_1}\mid i)\phi(i)\mathrm{d}i$，可得

$$(p + h - o - e_1)[\Phi(i_\beta(\overline{q_1})) - \Phi(i_\alpha(q_1^*(\alpha)))]$$

$$- (p + h - e_1)\int_{i_\alpha(q_1^*(\alpha))}^{i_\beta(\overline{q_1})} H(\overline{q_1}\mid i)\phi(i)\mathrm{d}i < 0 \tag{2-22}$$

利用式（2-21）和式（2-22），可以证明方程（2-20）不成立，即假设错误，可得 $\overline{q_1} \leqslant q_1^*(\alpha)$。

(3) $\overline{q_1}$ 和 $q_1^*(\alpha)$ 分别是无服务水平约束下问题 P_{1N} 和有服务水平约束下问题 P_1 第一阶段最优订购量。根据引理 2-2 可知，$E_I[V^2(q_1,I)]$ 关于 q_1 是凹函数，又因为 $q_1^*(\alpha) \geqslant \overline{q_1}$，则可证 $V^1(q_1^*(\alpha)) < V^1(\overline{q_1})$。

由命题 2-5 可知，当零售商承诺高服务水平时，问题 P_1 的第一阶段最优固定订购量高于问题 P_{1N}，这个结论是非常直观的。比起没有服务水平约束，当存在高服务水平约束时，零售商需要增加总订购量。因为第一阶段单位订购成本小于第二阶段的订购成本，所以零售商会增加第一阶段的固定订购量。

命题 2-6 给出了服务水平对关键信号、第一阶段最优固定订购量和最优总订购量的影响。

命题 2-6：（1）当 $\alpha \geqslant \dfrac{p+h-o-e_1}{p+h-e_1}$ 时，关键信号 $i_\alpha(q_1^*(\alpha))$ 关于 α 递增。

（2）第一阶段最优固定订购量 q_1^* 关于 α 非减。

（3）给定任意信号 i，最优总的订购量 q^* 关于 α 非减。

证明　（1）证明过程与命题 2-5（1）类似，此处省略。

（2）当 $\alpha < \dfrac{p+h-o-e_1}{p+h-e_1}$ 时，$q_1^* = \overline{q_1}$，显然 $\overline{q_1}$ 关于 α 是恒定不变的。当 $\alpha \geqslant \dfrac{p+h-o-e_1}{p+h-e_1}$ 时，$q_1^* = q_1^*(\alpha)$，可以证明 $q_1^*(\alpha)$ 关于 α 是严格单增的函数，证明过程与命题 2-5（2）类似，此处省略。综上，可得第一阶段最优固定订购量 q_1^* 关于 α 非减。

（3）当 $\alpha < \dfrac{p+h-o-e_1}{p+h-e_1}$ 时，由命题 2-3 可知，最优总订购量为 $q^*(\overline{q_1}, i) = \begin{cases} \overline{q_1}, & i < i_\beta(\overline{q_1}) \\ q^\beta(i), & i \geqslant i_\beta(\overline{q_1}) \end{cases}$，显然 $q^*(\overline{q_1}, i)$ 关于 α 是恒定不变的。当 $\alpha \geqslant \dfrac{p+h-o-e_1}{p+h-e_1}$ 时，由命题 2-4 可知，最优总订购量为 $q^*(q_1^*(\alpha), i) = \begin{cases} q_1^*(\alpha), & i < i_\alpha(q_1^*(\alpha)) \\ q^\alpha(i), & i \geqslant i_\alpha(q_1^*(\alpha)) \end{cases}$，由（2）已证 $q_1^*(\alpha)$ 关于 α 是严格单增的函数，又因为 $q^\alpha(i)$ 关于 α 是严格单增的，因此 $q^*(q_1^*(\alpha), i)$ 关于 α 是严格单增的，综上可得，给定任意信号 i，最优总的订购量 q^* 关于 α 是非减的。

根据命题 2-5 和命题 2-6 的结论，零售商最优总订购量 $q^*(\alpha)$ 可以通过图 2-3 进行更直观的描述。

一般情况下，单位缺货成本越高，零售商最优的总订购量也会越多，但当考虑服务水平和需求信息更新时，这个结论并不总是成立。进一步地，有如下推论。

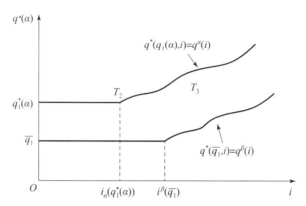

图 2-3　不同的市场信号下零售商最优的总购买量

推论 2-1： 当 $\alpha < \dfrac{p+h-o-e_1}{p+h-e_1}$ 时，零售商最优总的订购量 $q^*(\overline{q_1}, i)$ 关于 h 递增；当 $\alpha \geq \dfrac{p+h-o-e_1}{p+h-e_1}$ 时，零售商最优总的订购量 $q^*(q_1^*(\alpha), i)$ 关于 h 非减。

证明　当 $\alpha < \dfrac{p+h-o-e_1}{p+h-e_1}$ 时，零售商最优总的订购量 $q^* = q^*(\overline{q_1}, i) = \begin{cases} \overline{q_1}, & i < i_\beta(\overline{q_1}) \\ q^\beta(i), & i \geq i_\beta(\overline{q_1}) \end{cases}$。由方程（2-15），设

$$T(\overline{q_1}, h) = o + e_1 - w_1 - (e_1 - v)\int_{-\infty}^{+\infty} H(\overline{q_1} \mid i)\phi(i)\mathrm{d}i + (p+h-o-e_1)\Phi(i_\beta(\overline{q_1}))$$
$$- (p+h-e_1)\int_{-\infty}^{i_\beta(\overline{q_1})} H(\overline{q_1} \mid i)\phi(i)\mathrm{d}i = 0$$

根据隐函数定理：

$$\frac{\mathrm{d}\overline{q_1}}{\mathrm{d}h} = -\frac{\partial T(\overline{q_1}, h)}{\partial h} \Big/ \frac{\partial T(\overline{q_1}, h)}{\partial \overline{q_1}}$$

容易计算

$$\frac{\partial T(\overline{q_1}, h)}{\partial h} = \Phi(i_\beta(\overline{q_1})) - \int_{-\infty}^{i_\beta(\overline{q_1})} H(\overline{q_1} \mid i)\phi(i)\mathrm{d}i > 0$$

$$\frac{\partial T(\overline{q_1}, h)}{\partial \overline{q_1}} = -(e_1 - v)\int_{-\infty}^{+\infty} h(\overline{q_1} \mid i)\phi(i)\mathrm{d}i - (p+h-e_1)\int_{-\infty}^{i_\beta(\overline{q_1})} h(\overline{q_1} \mid i)\phi(i)\mathrm{d}i < 0$$

则 $\dfrac{\mathrm{d}\overline{q_1}}{\mathrm{d}h} > 0$，这表明 $\overline{q_1}$ 关于 h 递增。因为 $q^\beta(i) = H^{-1}(\beta \mid i) = H^{-1}\left(\dfrac{p+h-o-e_1}{p+h-e_1} \Big| i\right)$，

显然，$q^\beta(i)$ 关于 h 递增。综上，零售商最优总的订购量 $q^* = q^*(q_1, i)$ 关于 h 递增。

当 $\alpha \geq \dfrac{p+h-o-e_1}{p+h-e_1}$ 时，零售商最优总的订购量 $q^* = q^*(q_1^*(\alpha), i) = \begin{cases} q_1^*(\alpha), & i < i_\alpha(q_1^*(\alpha)) \\ q^\alpha(i), & i \geq i_\alpha(q_1^*(\alpha)) \end{cases}$。由方程 (2-16)，设

$$T(q_1^*(\alpha), h) = o + e_1 - w_1 - (e_1 - v)\int_{-\infty}^{+\infty} H(q_1^*(\alpha) \mid i)\phi(i)\mathrm{d}i$$

$$+ (p+h-o-e_1)\Phi(i_\alpha(q_1^*(\alpha)))$$

$$- (p+h-e_1)\int_{-\infty}^{i_\alpha(q_1^*(\alpha))} H(q_1^*(\alpha) \mid i)\phi(i)\mathrm{d}i = 0$$

根据隐函数定理：

$$\frac{\mathrm{d}q_1^*(\alpha)}{\mathrm{d}h} = -\frac{\partial T(q_1^*(\alpha), h)}{\partial h} \bigg/ \frac{\partial T(q_1^*(\alpha), h)}{\partial q_1^*(\alpha)}$$

可得

$$\frac{\partial T(q_1^*(\alpha), h)}{\partial h} = \Phi(i_\beta(q_1^*(\alpha))) - \int_{-\infty}^{i_\beta(q_1^*(\alpha))} H(q_1^*(\alpha) \mid i)\phi(i)\mathrm{d}i > 0$$

$$\frac{\partial T(q_1^*(\alpha), h)}{\partial q_1^*(\alpha)} = -(e_1 - v)\int_{-\infty}^{+\infty} h(q_1^*(\alpha) \mid i)\phi(i)\mathrm{d}i$$

$$- (p+h-e_1)\int_{-\infty}^{i_\beta(q_1^*(\alpha))} h(q_1^*(\alpha) \mid i)\phi(i)\mathrm{d}i$$

$$+ \left(\frac{p+h-o-e_1}{p+h-e_1} - \alpha\right)\phi(i_\alpha(q_1^*(\alpha)))\frac{\mathrm{d}i_\alpha(q_1^*(\alpha))}{\mathrm{d}q_1^*(\alpha)}$$

利用引理 2-1 可知，$\dfrac{\mathrm{d}i_\alpha(q_1^*(\alpha))}{\mathrm{d}q_1^*(\alpha)} > 0$，容易证明 $\dfrac{\partial T(q_1^*(\alpha), h)}{\partial q_1^*(\alpha)} < 0$，则 $\dfrac{\mathrm{d}q_1^*(\alpha)}{\mathrm{d}h} > 0$，这表明 $q_1^*(\alpha)$ 关于 h 递增。当 $i \geq i_\alpha(q_1^*(\alpha))$ 时，显然 $q^*(q_1^*(\alpha), i) = q^\alpha(i)$ 关于 h 恒定不变。综上，零售商最优总的订购量 $q^* = q^*(q_1^*(\alpha), i)$ 关于 h 非减。

推论 2-1 揭示了当服务水平低时，最优总的订购量总是随缺货成本的增加

而增加,即使服务水平高时,假若市场信号低,此结论仍然成立,然而,假若服务水平和市场信号都为高,随缺货成本的增加,最优总的订购量总是保持不变。

命题 2-7 给出了零售商最优期望收益与服务水平之间的关系。

命题 2-7:零售商最优期望收益 $V^1(q_1^*)$ 关于 α 非增,最优的服务水平 $\alpha^* = \beta = \dfrac{p+h-o-e_1}{p+h-e_1}$。

证明 当 $\alpha < \dfrac{p+h-o-e_1}{p+h-e_1}$ 时, $q_1^* = \overline{q_1}$,零售商最优期望收益 $V^1(q_1^*) = V^1(\overline{q_1})$:

$$V^1(\overline{q_1}) = -h\mu + (e_1 - v) \int_{-\infty}^{+\infty} \left[\overline{q_1} - \int_0^{\overline{q_1}} H(x \mid i) \mathrm{d}x \right] \phi(i) \mathrm{d}i$$

$$+ (p + h - e_1) \left[\int_{-\infty}^{i_\beta(q_1)} \int_0^{\overline{q_1}} xh(x \mid i) \mathrm{d}x \phi(i) \mathrm{d}i \right.$$

$$\left. + \int_{i_\beta(\overline{q_1})}^{+\infty} \int_0^{q^\beta(i)} xh(x \mid i) \mathrm{d}x \phi(i) \mathrm{d}i \right]$$

显然 $V^1(\overline{q_1})$ 关于 α 是恒定不变的。当 $\alpha \geq \dfrac{p+h-o-e_1}{p+h-e_1}$ 时, $q_1^* = q_1^*(\alpha)$,零售商最优期望收益 $V^1(q_1^*) = V^1(q_1^*(\alpha))$。根据命题 2-5 可知, $q_1^*(\alpha) \geq \overline{q_1}$ 和 $V^1(q_1^*(\alpha)) < V^1(\overline{q_1})$,则 $\dfrac{\mathrm{d}V^1(q_1^*(\alpha))}{\mathrm{d}q_1^*(\alpha)} < 0$。由命题 2-6(2) 可知 $\dfrac{\mathrm{d}q_1^*(\alpha)}{\mathrm{d}\alpha} > 0$, $\dfrac{\mathrm{d}V^1(q_1^*(\alpha))}{\mathrm{d}\alpha} = \dfrac{\mathrm{d}V^1(q_1^*(\alpha))}{\mathrm{d}q_1^*(\alpha)} \dfrac{\mathrm{d}q_1^*(\alpha)}{\mathrm{d}\alpha} < 0$。综上,可证零售商最优期望收益 $V^1(q_1^*)$ 关于 α 非增,最优的服务水平 $\alpha^* = \beta = \dfrac{p+h-o-e_1}{p+h-e_1}$。

图 2-4 直观地描述了零售商最优期望收益与服务水平之间的关系。从图 2-4 中可以看出,零售商最优的服务水平 $\alpha^* = \dfrac{p+h-o-e_1}{p+h-e_1} = \beta$。

通过以上的分析可知,若找出第一阶段最优固定订购量,必须求解方程 (2-15) 和方程 (2-16),由于累计分布函数 $H(x \mid i)$ 和 $\Phi(i)$,以及概率密度函数 $\phi(i)$ 的存在,所以很难给出第一阶段最优固定订购量的解析解,下面考虑两种特殊情形。

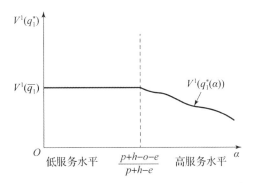

图 2-4 不同的服务水平下零售商最优的期望收益

2.5.1 无价值信息

无价值信息是指零售商在 t_2 时刻观察到的市场信号 I 对需求不确定没有影响,用数学语言描述就是随机变量 D 和 I 互相独立,即 $\Theta(i,x) = \Phi(i)F(x)$,$H(x|i) = F(x)$,$h(x|i) = f(x)$。因为 t_2 时刻观察到的信号 I 对需求更新没有影响,所以这时的两阶段订购问题等同于同时订购,即零售商同时进行固定订购和期权购买。这样原来研究的问题就简化为无需求更新下的带服务水平约束的零售商订购决策问题。设 $q = q_1 + q_2$,此时零售商的期望利润 $\mathrm{E}^w[\pi_r(q_1,q)]$ 可以表示为

$$\mathrm{E}^w[\pi_r(q_1,q)] = -(w_1-o)q_1 - oq + \mathrm{E}[p(q \wedge x)] + \mathrm{E}[v(q_1-x)^+]$$
$$- \mathrm{E}[e_1((q-q_1) \wedge (x-q_1)^+)] - \mathrm{E}[h(x-q)^+]$$

(2-23)

此时零售商优化问题 P_1^w 可以表示成如下形式:

$$V^w = \max \mathrm{E}^w[\pi_r(q_1,q)]$$
$$\text{s. t.} \begin{cases} q \geqslant q_1 \\ q_1 > 0 \\ \mathrm{P}(q \geqslant x) \geqslant \alpha \end{cases}$$

(2-24)

从式(2-24)的约束条件 $\mathrm{P}(q \geqslant x) \geqslant \alpha$,可以推导出 $q \geqslant F^{-1}(\alpha)$。令

$$q^\alpha = F^{-1}(\alpha)$$

(2-25)

显然，q^α 关于 α 严格单调递增。

用 q_{1w}^* 和 q_w^* 表示优化问题 P_1^w 的最优固定订购量和总订购量，则最优期权购买量 $q_{2w}^* = q_w^* - q_{1w}^*$。命题 2-8 给出了无价值信息时零售商的最优订购策略。

命题 2-8：无价值信息时零售商的最优订购策略如下。

(1) 当 $w_1 > \dfrac{(p+h-v)(o+v)}{p+h-e_1}$ 时：

$$q_{1w}^* = F^{-1}\left(\frac{o+e_1-w}{e_1-v}\right), \quad q_{2w}^* = \begin{cases} q^\beta - q_{1w}^*, & \alpha \leq \beta \\ q^\alpha - q_{1w}^*, & \alpha > \beta \end{cases}$$

(2) 当 $w_1 \leq \dfrac{(p+h-v)(o+v)}{p+h-e_1}$ 时：

$$q_{1w}^* = \begin{cases} q^\gamma, & \alpha \leq \gamma \\ q^\alpha, & \alpha > \gamma \end{cases}, \quad q_{2w}^* = 0$$

其中 $\beta = \dfrac{p+h-o-e_1}{p+h-e_1}$，$\gamma = \dfrac{p+h-w_1}{p+h-v}$，$q^\beta = F^{-1}\left(\dfrac{p+h-o-e_1}{p+h-e_1}\right)$，$q^\gamma = F^{-1}\left(\dfrac{p+h-w_1}{p+h-v}\right)$。

证明 由方程（2-23）可求得

$$\frac{\partial E^w[\pi_r(q_1,q)]}{\partial q} = p+h-o-e_1 - (p+h-e_1)F(q) \tag{2-26}$$

$$\frac{\partial E^w[\pi_r(q_1,q)]}{\partial q_1} = o+e_1-w_1 - (e_1-v)F(q_1) \tag{2-27}$$

$\dfrac{\partial^2 E^w[\pi_r(q_1,q)]}{\partial q^2} = -(p+h-e_1)f(q) < 0$，$\dfrac{\partial^2 E^w[\pi_r(q_1,q)]}{\partial q_1^2} = -(e_1-v)f(q) < 0$，$\dfrac{\partial^2 E^w[\pi_r(q_1,q)]}{\partial q_1 \partial q} = \dfrac{\partial^2 E^w[\pi_r(q_1,q)]}{\partial q \partial q_1} = 0$。因此，$E^w[\pi_r(q_1,q)]$ 的黑塞矩阵是负定的，$E^w[\pi_r(q_1,q)]$ 关于 q_1 和 q 是联合凹函数。令一阶导数方程（2-26）和方程（2-27）都等于 0，得到一阶条件 $p+h-o-e_1 - (p+h-e_1)F(q) = 0$ 和 $o+e_1-w_1 - (e_1-v)F(q_1) = 0$，即 $F(q) = \dfrac{p+h-o-e_1}{p+h-e_1} = \beta$ 和 $F(q_1) = \dfrac{o+e_1-w_1}{e_1-v}$。

(1) 当 $w_1 > \dfrac{(p+h-v)(o+v)}{p+h-e_1}$ 时，$\dfrac{p+h-o-e_1}{p+h-e_1} > \dfrac{o+e_1-w_1}{e_1-v}$，即 $F(q) >$

$F(q_1)$,显然式(2-24)的约束条件 $q \geqslant q_1$ 成立。根据 $F(q) = \dfrac{p+h-o-e_1}{p+h-e_1} = \beta$,可得 $q^\beta = F^{-1}\left(\dfrac{p+h-o-e_1}{p+h-e_1}\right)$,联合方程(2-25)可推出,最优总订购量 $q_w^* = \max(q^\beta, q^\alpha)$。根据 $F(q_1) = \dfrac{o+e_1-w_1}{e_1-v}$,可推出最优固定订购量 $q_{1w}^* = F^{-1}\left(\dfrac{o+e_1-w}{e_1-v}\right)$。因为 $q_{2w}^* = q_w^* - q_{1w}^*$,则 $q_{2w}^* = \begin{cases} q^\beta - q_{1w}^*, & \alpha \leqslant \beta \\ q^\alpha - q_{1w}^*, & \alpha > \beta \end{cases}$。

(2)当 $w_1 \leqslant \dfrac{(p+h-v)(o+v)}{p+h-e_1}$ 时,$\dfrac{p+h-o-e_1}{p+h-e_1} \leqslant \dfrac{o+e_1-w_1}{e_1-v}$,即 $F(q) \leqslant F(q_1)$,显然 $q \leqslant q_1$,又因为优化问题 P_1^w 约束条件 $q \geqslant q_1$,则可推出 $q = q_1$,即零售商最优期权购买量 $q_{2w}^* = 0$。方程(2-23)变为 $E^w[\pi_r(q_1)] = -w_1 q_1 + E[p(q_1 \wedge x)] + E[v(q_1-x)^+] - E[h(x-q_1)^+]$。因为 $\dfrac{\partial E^w[\pi_r(q_1)]}{\partial q} = p+h-w_1-(p+h-v)F(q_1)$,$\dfrac{\partial^2 E^w[\pi_r(q_1)]}{\partial q_1^2} = -(p+h-v)f(q) < 0$。所以,$E^w[\pi_r(q_1)]$ 关于 q_1 是凹函数,令 $p+h-w_1-(p+h-v)F(q_1) = 0$,即 $F(q_1) = \dfrac{p+h-w_1}{p+h-v} = \gamma$,可得 $q^\gamma = F^{-1}\left(\dfrac{p+h-w_1}{p+h-v}\right)$,联合方程(2-25)可推出,最优固定订购量 $q_1^* = \max(q^\gamma, q^\alpha)$,即 $q_{1w}^* = \begin{cases} q^\gamma, & \alpha \leqslant \gamma \\ q^\alpha, & \alpha > \gamma_0 \end{cases}$。

当 $w_1 > \dfrac{(p+h-v)(o+v)}{p+h-e_1}$ 时,无价值信息情形下服务水平的阈值与需求更新下服务水平的阈值相同,均是 $\beta = \dfrac{p+h-o-e_1}{p+h-e_1}$,但是两种情形下第二阶段期权购买量不同,需求更新下第二阶段购买量与市场信号有关,当观察到的市场信号低时,第二阶段不订购,而无价值信息情形和市场信号无关,无论市场信号低或者高,第二阶段都进行订购,且订购量和需求更新下观察到市场信号高时相同。这是因为第一阶段固定订购的单位批发价过高,而期权订购可以一定程度上降低需求风险,虽然 t_2 时刻需求信息没有价值,但是零售商还是会选择在第二阶段期权订购。当 $w_1 \leq \dfrac{(p+h-v)(o+v)}{p+h-e}$ 时,无价值信息情形下服务水平的阈值是 $\dfrac{p+h-o-e_1}{p+h-e_1} \leq \dfrac{o+e_1-w_1}{e_1-v}$,比需求更新下的服务水平阈值 $\dfrac{p+h-w_1}{p+h-v}$ 要高。这是因为无价值信息情形下,t_2 时刻需求信息没有价值,且第一阶段固定订购成本低,为了满足市场需求,零售商只会在第一阶段 t_1 时刻订购,且增加第一阶段订购量,这时服务水平约束只会在 t_1 时刻起作用。

2.5.2 完美信息

完美信息是市场信号的又一个极端的情形,是指修订的需求信息是完美的,它表示需求是市场信号的函数,即 $X=\psi(I)$。顺序属性说明需求关于市场信号 I 是单调递增的,为了便于表达,假设 $\psi(I)$ 的反函数存在。因为 $p > o + e_1 > w_1$,所以满足实现的需求总是最优的,这也意味着能达到100%的顾客满足率,即服务水平的约束总是满足的。此时零售商最优总订购量 $q_p^* = \psi(I)$,零售商优化问题 P_1^p 可以表示成如下形式:

$$V^p = \max_{q_1 \geq 0} \mathrm{E}^p[\pi_r(q_1)] \tag{2-28}$$

其中 $\mathrm{E}^p[\pi_r(q_1)] = (o + e_1 - w_1)q_1 + \int_{-\infty}^{\psi^{-1}(q_1)} [(v - o - e_1)q_1 + (p - v)\psi(i)]\phi(i)\mathrm{d}i + \int_{\psi^{-1}(q_1)}^{+\infty} (p - o - e_1)\psi(i)\phi(i)\mathrm{d}i$。

$\mathrm{E}^p[\pi_r(q_1)]$ 关于 q_1 求一阶导数和二阶导数分别为 $\dfrac{\mathrm{dE}^w[\pi_r(q_1,q)]}{\mathrm{d}q} = o + e_1 - w_1 - (o + e_1 - v)\Phi(\psi^{-1}(q_1))$ 和 $\dfrac{\mathrm{d}^2 \mathrm{E}^w[\pi_r(q_1,q)]}{\mathrm{d}q^2} = -(o + e_1 - v)\phi(\psi^{-1}(q_1)) < 0$。$\mathrm{E}^p[\pi_r(q_1)]$ 关于 q_1 是凹函数。令一阶导数等于 $o + e_1 - w_1 - (o + e_1 - v)\Phi(\psi^{-1}(q_1)) = 0$,即得到最优订购量 $q_{1p}^* = \psi\left(\Phi^{-1}\left(\dfrac{o + e_1 - w_1}{o + e_1 - v}\right)\right)$。

设 q_{2p}^* 为第二阶段最优期权购买量,则 $q_{2p}^* = q_p^* - q_{1p}^* = \psi(i) - q_{1p}^*$,命题2-9给出了完美信息时零售商最优订购策略。

命题2-9：完美信息时零售商的最优订购策略如下。

（1）第一阶段最优固定订购量为 $q_{1p}^* = \psi\left(\Phi^{-1}\left(\dfrac{o+e_1-w_1}{o+e_1-v}\right)\right)$。

（2）第二阶段最优期权购买量为

$$q_{2p}^* = \begin{cases} 0, & i < \Phi^{-1}\left(\dfrac{o+e_1-w_1}{o+e_1-v}\right) \\ \psi(i) - q_{1p}^*, & i \geq \Phi^{-1}\left(\dfrac{o+e_1-w_1}{o+e_1-v}\right) \end{cases}$$

由命题2-9可知，第二阶段最优期权订购量与市场信号高低有关，当市场信号低时，即 $i < \Phi^{-1}\left(\dfrac{o+e_1-w_1}{o+e_1-v}\right)$，第二阶段最优决策是不订购；当市场信号高时，即 $i \geq \Phi^{-1}\left(\dfrac{o+e_1-w_1}{o+e_1-v}\right)$，第二阶段最优期权订购量为 $\psi(I) - q_{1p}^*$。这是因为市场需求是信号的严格递增函数，当信号低时，市场需求量小，第一阶段订购量足以满足需求；当信号高时，对应的市场需求量大，需要在第二阶段订购满足市场需求。

2.6 数值试验

本节通过数值试验说明了在两种情况下零售商第一阶段最优固定订购量与市场信息准确性的关系并验证了本书的结论。假设市场需求和信号服从二元正态分布，均值分别是 $\mu = 1\,000$ 和 $\eta = 500$，标准差分别是 $\sigma = 300$ 和 $\gamma = 100$，相关系数是 ρ。$\rho \in [0,1]$ 表示市场需求与信号的相关程度，反映了市场信息的准确性，$\rho = 0$ 说明市场信息是无价值的，$\rho = 1$ 说明市场信息是完美的。其他试验参数设置如下：$p=11$，$o=2$，$e_1=6$，$h=5$，$w_1=5$ 和 $v=1$。显然 $\beta = \dfrac{p+h-o-e_1}{p+h-e_1} = 0.8$。

为了分析低服务水平情况（无服务约束）下，市场信息准确性对零售商第一阶段最优固定订购量的影响，假设 $\alpha \leq 0.8$，并将 ρ 从0递增到1，步长为

0.05。图2-5描述了零售商第一阶段最优固定订购量随相关系数 ρ 变化的结果。该图表明随着相关系数的增大,零售商第一阶段最优固定订购量是逐渐减少的,曲线变得更陡。这是因为相关系数越大,市场信息更新越重要,零售商最优决策是减少第一阶段的订购量,增加第二阶段的订购量。

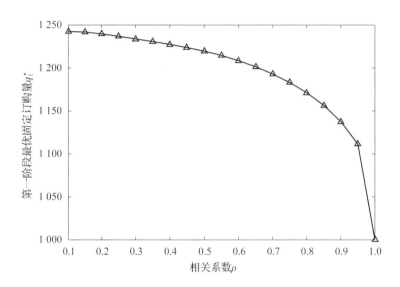

图2-5　零售商第一阶段最优固定订购量随相关系数 ρ 变化的结果

为了分析高服务水平情况(存在服务约束)下,市场信息准确性和服务水平分别对零售商第一阶段最优固定订购量的影响,分别固定 $\alpha=0.82$,$\alpha=0.84$ 和 $\alpha=0.86$,并将 ρ 从0递增到1,步长为0.05。与低服务水平情况时图2-5描述的结果不同,图2-6说明了在不同服务水平 α 约束下,随着相关系数 ρ 的增大,零售商第一阶段最优固定订购量都是先逐渐增加,然后逐渐减少的。这是因为高服务水平约束下,零售商需要订购足够的产品满足服务水平的约束,而第一阶段购买成本低于第二阶段的购买成本($w_1<o+e_1$),所以零售商可能会增加第一阶段最优固定订购量。由图2-6可知,在服务水平约束下,零售商第一阶段最优固定订购量 q_1^* 随服务水平 α 是单调递增的,这个结果与命题2-5和命题2-6一致。

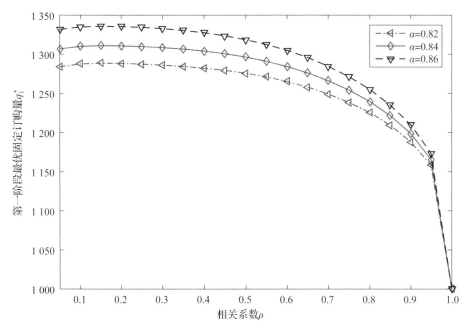

图 2-6　第一阶段最优固定订购量随服务水平和市场信息准确性的变化

2.7　本章小结

本章研究了基于看涨期权契约的带有服务水平约束和需求更新的库存模型。针对零售商在提前期内无法获得准确的需求信息的情形，考虑将传统的两阶段订购系统中的第二阶段固定订购更改为购买看涨期权，在销售期到来后，根据市场需求实现情况确定期权执行数量补货。此外，考虑两阶段的订购总量需要满足服务水平约束，使用动态规划方法研究了该模型。

采用逆序分析法给出了零售商关于总的订购量的关键市场信号，以及关键信号、总的订购量和服务水平之间的关系。在此基础上研究了零售商两阶段最优的订购策略，研究发现存在一个服务水平临界值，当服务水平约束低于临界值，第一阶段最优的固定订购量和第二阶段最优的期权购买量与服务水平均无关，只与市场信号有关，此时存在一个与服务水平无关的关键信号，当市场信号低于此关键信号时，零售商在第二阶段将不购买期权，否则，期权购买量随关键信号的升高而增大；当服务水平约束高于临界值，第一阶段最优的固定订购量和第二阶段最优的期权购买量与服务水平和市场信号都有关，都随服务水平的升高而增大，此时存在一个随服务水平升高而升高的关键信号，当市场信号低于此关键信号时，零售商在第二阶段将不购买期权，否则，期权购买量随关键信号和服务水平的升高而增大。此外，我们还发现零售商最优的期望收益随服务水平是单调不增的函数。

研究了市场信号的两种特殊情况：无价值信息情况和完美信息情况。无价值信息情况下，存在一个固定订购的批发价临界值，当固定订购的批发价高于临界值时，零售商最优的期权订购量关于服务水平是单调不减的函数，而最优固定订购量是与服务水平无关的函数；当固定订购的批发价低于临界值时，零售商不进行期权订购，而最优固定订购量关于服务水平是单调不减的函数。完美信息情况下，零售商最优的固定订购量和期权购买量与服务水平无关，此时存在一个关键信号，当信号高于关键信号时，最优的期权订购量关于市场信号是单调递增的函数；当信号低于关键信号时，最优的期权订购量与市场信号无关。

最后通过数值试验说明了服务水平和市场信息准确性对第一阶段最优固定订购量的影响，当低服务水平时，零售商第一阶段最优固定订购量随相关系数的增加而减少；当高服务水平时，零售商第一阶段最优固定订购量是随相关系数的增加先增加后逐渐减少的。

第3章 基于双重期权契约和需求更新的库存模型

3.1 引言

第2章关注的是零售商在第二阶段的订购数量柔性问题,即将传统的两阶段订购中的第二阶段固定订购更改为购买看涨期权,销售期到来后,依据需求实现情况确定看涨期权的执行数量,可以避免提前期内订货过多的风险,弱化供需之间的矛盾。然而,第2章的模型中未考虑到不需要启动第二阶段订购,且第一阶段初始固定订购量已经超过需求信息更新后的需求量的情况,此时,零售商会有退货意愿。虽然文献[95-96,98]在传统两阶段订购中都考虑了零售商退货问题,但生产商接受零售商的退货,为零售商提供回购价格,意味着生产商需要承担生产过多的风险,并且退货过程是有形的,必将产生运输、库存等成本和时间、资金等机会成本。

鉴于这些问题,本章对第2章的模型进行了拓展,考虑零售商在第一阶段同时确定初始固定订购量和双重期权购买量,需求信息更新以后,在第二阶段执行期权。如果需要补货,则执行看涨期权;如果需要退货,则执行看跌期权;如果需求信息显示需求与初始固定订购量相匹配,零售商无须执行期权。通过引入双重期权,零售商的订购柔性进一步提高。本章考虑的双重期权与 Chen 等人[10]相似,尽管都是在提前期内同时确定固定订购量与双重期权购买量,但是文献[10]未考虑提前期内的需求信息更新,并没有根据需求更新的结果进行决策,而是根据在销售期中的需求实现进行决策。

第 2 章研究了运用看涨期权契约进行补货问题，本章在第 2 章研究的基础上同时考虑补货和退货问题，研究基于双重期权契约和需求更新的库存问题，并关注如下问题。

（1）提前期开始时刻引入双重期权订购时，零售商如何确定两阶段最优的订购策略？

（2）考虑不同的需求信息质量，零售商最优订购策略如何变化？

（3）市场信号对两阶段最优的订购策略会有哪些影响？

（4）引入双重期权订购时，零售商最优的期望收益有什么变化？

3.2 模型描述

本章考虑具有双重期权契约和需求更新的单周期库存问题。假设提前期是 T 个时间单位，包括两个订购阶段。设 t_1，t_2，t_3 分别代表第一阶段开始时刻、第二阶段开始时刻和第二阶段结束时刻。$t_1 = 0$ 时，提前期开始时刻，零售商根据初始的市场需求预测，确定固定订购量 q_1 和看涨期权购买量 q_2，同时确定看跌期权购买量 q_1，看跌期权的购买量和固定订购量相同，这是上游企业为了激励零售商尽可能多订货，订购单价是 w_1，单位期权价格均是 o，看涨期权执行价格是 e_1，看跌期权执行价格是 e_2。$t_2 = T - 1$ 时，需求信息更新以后，若市场信号显示需求超过第一阶段的固定订购量，则执行看涨期权，当需求超过 $q_1 + q_2$ 时，零售商进行紧急订购，订购量是 Q，订购价格是 w_2；若市场信号显示需求低于固定订购量，则执行看跌期权；否则，不执行任何方向的期权。$t_3 = T$ 时，第二阶段结束，上游企业交付零售商总的订购量。为了更清晰地描述模型，现将事件发生的顺序展示在图 3-1 中。

令 X 表示市场随机需求，I 表示 t_2 时刻的市场随机信号，用于更新相应的需求分布。I 能被认为是市场需求的期望或方差，假设它仅在 t_2 时刻被揭示。本章模型中常用符号见表 3-1。

第3章 基于双重期权契约和需求更新的库存模型

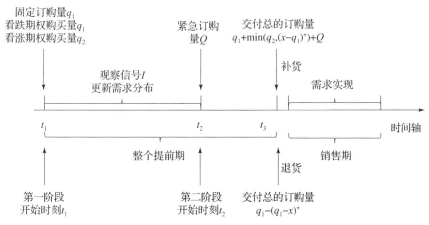

图 3-1 事件发生的顺序及各时间点的信息集合

表 3-1 本章模型中常用符号

符号	描述
q_1	第一阶段固定订购量（看跌期权购买量），$q_1 > 0$
q_2	看涨期权购买量，$q_2 > 0$
Q	第二阶段紧急订购量
q	两阶段总的订购量
w_1	第一阶段固定订购的单位价格
w_2	第二阶段紧急订购的单位价格
o	双向期权的单位价格
e_1	执行看涨期权的单位价格，$w_1 < o + e_1 < w_2$
e_2	执行看跌期权的单位价格，$e_2 < w_1 < e_1$
p	单位销售价格，$w_2 < p$
c	单位生产成本
v	单位残值价格，$v + o < e_2 < w_1$
X	市场随机需求，其概率密度函数是 $f(x)$，累计分布函数是 $F(x)$，期望是 $E(X) = \mu$

续表

符号	描述
I	市场随机信号，其概率密度函数是 $\phi(i)$，假设 $\phi(i) > 0$，累计分布函数是 $\Phi(i)$，期望是 $E(I) = \eta$
$\theta(i, x)$	I 和 X 的联合概率密度函数
$\Theta(i, x)$	I 和 X 的联合累计分布函数，关于 x 严格递增
$h(x \mid i)$	$I = i$ 时，X 的条件概率密度函数，$h(x \mid i) = \theta(i, x)/\phi(i)$
$H(x \mid i)$	$I = i$ 时，X 的条件累计分布函数，关于 x 严格递增
$E[X \mid i]$	$I = i$ 时，X 的条件期望，$E[X \mid i] = \mu(i)$

设 $F(x)$，$\Phi(i)$，$\Theta(i,x)$ 和 $H(x \mid i)$ 均是连续、可微、非负、可逆的累计分布函数。假设市场信号 i 有随机顺序，更新的需求关于信号随机增加，即 $i_1 < i_2$ 时，有 $H(x \mid i_1) > H(x \mid i_2)$。市场信号 $i \in (-\infty, +\infty)$，需求实现 $x \in [0, +\infty)$。令 $x^+ = \max\{x, 0\}$，$x \wedge y = \min\{x, y\}$，$x \vee y = \max\{x, y\}$，用上标 * 表示最优情况。

零售商在第一阶段购买双向期权，实际上是根据需求信息更新的结果对第一阶段固定订购量的弹性调整。因此，本章建立的模型是既可补货又可退货的模型。

3.3 模型及最优化问题

零售商在 t_1 确定第一阶段固定订购量，即看跌期权购买量 q_1 和看涨期权购买量 q_2，然后根据 t_1 到 t_2 观察到的市场信号 $I = i$，在 t_2 确定第二阶段是否执行期权、执行何种期权、执行多少期权以及确定紧急订购量 Q 等问题。零售商确定两阶段订购量的问题可以建立如下两阶段模型。

任意给定零售商第一阶段固定订购量，即看跌期权购买量 q_1、看涨期权购买量 q_2 和观察到的信号 $I = i$，当实际市场需求是 $x(i)$ 时，零售商的收益函数是

$$\pi(q_1,q_2,q,i) = p(q \wedge x(i)) + v(q-x(i))^+ - (w_2-e_1)(q-q_1-q_2)^+$$
$$- e_1(q-q_1)^+ + e_2(q_1-q)^+ \tag{3-1}$$

相应的期望收益是 $E[\pi(q_1,q_2,q,i)]$，则

$$E[\pi(q_1,q_2,q,i)] = \begin{cases} E[\pi_{rp}(q_1,q_2,q,i)], & 0 \leq q \leq q_1, Q=0 \\ E[\pi_{rc}(q_1,q_2,q,i)], & q_1 < q \leq q_1+q_2, Q=0 \\ E[\pi_r(q_1,q_2,q,i)], & q_1+q_2 < q, Q=q-q_1-q_2>0 \end{cases}$$
$$\tag{3-2}$$

其中

$$E[\pi_{rp}(q_1,q_2,q,i)] = E[p(q \wedge x(i))|i] + E[v(q-x(i))^+|i] + e_2(q_1-q)^+ \tag{3-3}$$

$$E[\pi_{rc}(q_1,q_2,q,i)] = E[p(q \wedge x(i))|i] + E[v(q-x(i))^+|i] - e_1(q-q_1)^+ \tag{3-4}$$

$$E[\pi_r(q_1,q_2,q,i)] = E[p(q \wedge x(i))|i] + E[v(q-x(i))^+|i] \tag{3-5}$$
$$- e_1 q_2 - w_2(q-q_1-q_2)$$

由式（3-2）可以看出，看跌期权和看涨期权并不同时执行，具体执行哪种期权根据需求信息更新的结果决定。

在双重期权契约下，零售商第二阶段优化问题表示如下：

$$\overline{V^2}(q_1,q_2,i) = \max E[\pi(q_1,q_2,q,i)]$$
$$\text{s.t.} \quad q \geq 0 \tag{3-6}$$

给定第一阶段固定订购量 q_1、看涨期权购买量 q_2 和市场信号 i 时，零售商第二阶段的优化问题是如何确定最优总的购买量 q^*，使期望收益 $E[\pi(q_1,q_2,q,i)]$ 最大化。

下面考虑第一阶段，其最优化问题表示为如下形式：

$$\overline{V^1} = \max\{E[\pi(q_1,q_2)] = -wq_1 - oq_1 - oq_2 + E_I[\overline{V^2}(q_1,q_2,I)]\}$$
$$\text{s.t.} \begin{cases} q_1 \geq 0 \\ q_2 \geq 0 \end{cases} \tag{3-7}$$

零售商第一阶段的优化问题是如何确定最优固定订购量（看跌期权购买量）q_1^*

和看涨期权购买量 q_2^*，使期望收益 $\mathrm{E}[\pi(q_1,q_2)]$ 最大化。

式（3-6）和式（3-7）定义的两阶段优化问题可以表示为如下动态规划问题：

$$\overline{\mathrm{P}_1}: \overline{V^1} = \max\{\mathrm{E}[\pi(q_1,q_2)] = -wq_1 - oq_2 + \mathrm{E}_I[\overline{V^2(q_1,q_2,I)}]\}$$

$$\mathrm{s.\,t.} \begin{cases} q_1 \geq 0 \\ q_2 \geq 0 \end{cases}$$

其中

$$\overline{\mathrm{P}_2}: \overline{V^2(q_1,q_2,i)} = \max \mathrm{E}[\pi(q_1,q_2,q,i)]$$

$$\mathrm{s.\,t.} \quad q \geq 0$$

$\overline{\mathrm{P}_1}$ 和 $\overline{\mathrm{P}_2}$ 分别表示第一阶段和第二阶段的问题，$\overline{V^1}$ 和 $\overline{V^2(q_1,i)}$ 分别表示第一阶段零售商最优的期望收益和在 q_1，q_2 和 i 给定时零售商第二阶段的最优期望收益。

与第 2 章的求解方法相似，本章仍然采用逆序归纳法求解，即任意给定第一阶段零售商订购量 q_1，q_2 和市场信号 $I=i$，先确定第二阶段的最优订购策略，然后再确定第一阶段的最优订购策略。

3.4 第二阶段最优订购策略

首先求解第二阶段的优化问题 $\overline{\mathrm{P}_2}$：

$$\overline{\mathrm{P}_2}: \overline{V^2(q_1,q_2,i)} = \max \mathrm{E}[\pi(q_1,q_2,q,i)]$$

$$\mathrm{s.\,t.} \quad q \geq 0$$

这里分三种情况，若需求信息更新后，市场信号显示需求低于第一阶段的初始固定订购量 q_1，则在第二阶段执行看跌期权，可得 $Q=0$ 和 $0 \leq q \leq q_1$。任意给定第一阶段零售商固定订购量（看跌期权购买量）q_1、看涨期权购买量 q_2 和市场信号 $I=i$，零售商期望收益是 $\mathrm{E}[\pi(q_1,q_2,q,i)] = \mathrm{E}[\pi_{rp}(q_1,q_2,q,i)]$。依据方程（3-3），得

$$\mathrm{E}[\pi_{rp}(q_1,q_2,q,i)] = (p-e_2)q - (p-v)\int_0^q H(x|i)\mathrm{d}x + e_2 q_1 \quad (3-8)$$

因为

$$\frac{\partial E[\pi_{rp}(q_1,q_2,q,i)]}{\partial q} = p - e_2 - (p-v)H(q|i) \quad (3-9)$$

和

$$\frac{\partial^2 E[\pi_{rp}(q_1,q_2,q,i)]}{\partial q^2} = -(p-v)h(q|i) < 0 \quad (3-10)$$

所以，$E[\pi_{rp}(q_1,q_2,q,i)]$ 是关于 q 的凹函数。令式 (3-9) 等于 0，可得一阶条件 $p - e_2 - (p-v)H(q|i) = 0$，即 $H(q|i) = \frac{p-e_2}{p-v}$。令 $\gamma_1 = \frac{p-e_2}{p-v}$ 和 $i_{\gamma_1}(q) \equiv \arg\max_i H(q|i) \geq \frac{p-e_2}{p-v} = \gamma_1$，可得

$$q^{\gamma_1}(i) = H^{-1}\left(\frac{p-e_2}{p-v}\bigg|i\right) \quad (3-11)$$

其中 $H^{-1}(\cdot|i)$ 表示需求在市场信号 $I=i$ 时的条件分布函数的逆函数。因此，对于任意给定 $I=i$，q_1 和 q_2，用 $q_N^*(q_1,q_2,i)$ 表示此种情况下零售商在第二阶段最优总订购量，可得

$$q_N^*(q_1,q_2,i) = \min\{q^{\gamma_1}(i), q_1\} \quad (3-12)$$

零售商在第二阶段最优的订购策略是执行看跌期权，期权执行量是 $q_1 - q_N^*(q_1,q_2,i) = q_1 - \min\{q^{\gamma_1}(i), q_1\}$。

若需求信息更新后，市场信号显示需求高于第一阶段的初始固定订购量 q_1，但低于第一阶段总的订购量 q_1+q_2，则第二阶段只需要执行看涨期权，不需要进行紧急订购，可得 $Q=0$ 和 $q_1 < q \leq q_1+q_2$。任意给定第一阶段的初始固定订购量 q_1、看涨期权购买量 q_2 和市场信号 $I=i$，零售商期望收益是 $E[\pi(q_1,q_2,q,i)] = E[\pi_{rc}(q_1,q_2,q,i)]$。由方程 (3-4)，容易证明 $E[\pi_{rc}(q_1,q_2,q,i)]$ 关于 q 是凹函数。由导数一阶条件 $\frac{\partial E[\pi_{rc}(q_1,q_2,q,i)]}{\partial q} = p - e_1 - (p-v)H(q|i) = 0$，可得 $H(q|i) = \frac{p-e_1}{p-v}$。令 $\gamma_2 = \frac{p-e_1}{p-v}$ 和 $i_{\gamma_2}(q) \equiv \arg\max_i H(q|i) \geq \frac{p-e_1}{p-v} = \gamma_2$，即

$$q^{\gamma_2}(i) = H^{-1}\left(\frac{p-e_1}{p-v}\bigg|i\right) \quad (3-13)$$

对于任意给定 $I=i$，q_1 和 q_2，用 $q_M^*(q_1,q_2,i)$ 表示此种情况下零售商在第二阶段最优总购买量，则

$$q_M^*(q_1,q_2,i) = \min\{\max\{q_1,q^{\gamma_2}(i)\},q_1+q_2\} \quad (3-14)$$

零售商在第二阶段最优的订购策略是执行看涨期权，期权执行量是 $q_1+q_2-q_M^*(q_1,q_2,i) = q_1+q_2-\min\{\max\{q_1,q^{\gamma_2}(i)\},q_1+q_2\}$。

若需求信息更新后，市场信号显示需求高于第一阶段总的订购量 q_1+q_2，则第二阶段不仅需要执行看涨期权，而且需要进行紧急订购，可得 $0<Q$ 和 $q_1+q_2<q$。任意给定第一阶段零售商固定订购量 q_1、看涨期权购买量 q_2 和市场信号 $I=i$，零售商期望收益是 $\mathrm{E}[\pi(q_1,q_2,q,i)] = \mathrm{E}[\pi_r(q_1,q_2,q,i)]$。由方程（3-5），容易证明 $\mathrm{E}[\pi_r(q_1,q_2,q,i)]$ 关于 q 是凹函数。由导数一阶条件 $\dfrac{\partial \mathrm{E}[\pi_r(q_1,q_2,q,i)]}{\partial q} = p-w_2-(p-v)H(q\mid i) = 0$，可得 $H(q\mid i) = \dfrac{p-w_2}{p-v}$。令 $\gamma_3 = \dfrac{p-w_2}{p-v}$ 和 $i_{\gamma_3}(q) \equiv \arg\max_i H(q\mid i) \geq \dfrac{p-w_2}{p-v} = \gamma_3$，即

$$q^{\gamma_3}(i) = H^{-1}\left(\dfrac{p-w_2}{p-v}\,\Big|\,i\right) \quad (3-15)$$

对于任意给定 $I=i$，q_1 和 q_2，用 $q_v^*(q_1,q_2,i)$ 表示此种情况下零售商在第二阶段最优总购买量，则

$$q_v^*(q_1,q_2,i) = \max\{q^{\gamma_3}(i),q_1+q_2\} \quad (3-16)$$

零售商在第二阶段最优的订购策略不仅需要执行全部看涨期权，即期权执行量为 q_2，而且需要进行紧急订购，最优的紧急订购量是 $q_v^*(q_1,q_2,i)-q_1-q_2 = \max\{q^{\gamma_3}(i),q_1+q_2\}-q_1-q_2$。

因为 $w_2>e_1>e_2$，可得 $\gamma_1>\gamma_2>\gamma_3$。由式（3-11）、式（3-13）和式（3-15）可以证明，$q^{\gamma_1}(i)>q^{\gamma_2}(i)>q^{\gamma_3}(i)$。这个结论是直观的，当零售商只允许退货时，由于在第二阶段有退货的机会，所以零售商会选择多订购；当零售商允许第二阶段紧急订购时，由于在第二阶段既可以执行看涨期权补货，又能紧急订购补货，所以零售商选择的订购量会偏保守；当零售商只允许补货时，由于在第二阶段可以执行看涨期权补货，但补货有数量限制，所以零售商的订购量

会居于两者中间。

利用式（3-12）、式（3-14）和式（3-16）可知，零售商最优的订购策略如下。

命题 3-1：任意给定零售商在第一阶段固定订购量 q_1、看跌期权购买量 q_1、看涨期权购买量 q_2 和 t_2 时刻观察到的市场信号 i，零售商的最优总的购买量 $q^*(q_1,q_2,i)$ 满足式（3-17）：

$$q^*(q_1,q_2,i) = \begin{cases} \max\{q^{\gamma_3}(i), q_1+q_2\}, & q^{\gamma_2}(i) > q_1+q_2 \\ q^{\gamma_2}(i), & q_1 < q^{\gamma_2}(i) \leq q_1+q_2 \\ \min\{q^{\gamma_1}(i), q_1\}, & q^{\gamma_2}(i) \leq q_1 \end{cases} \quad (3-17)$$

由命题 3-1 可知，零售商的最优总的购买量来自两阶段订购，即第一阶段订购和第二阶段紧急订购。因为零售商在第二阶段紧急订购价格高于第一阶段订购价格，即 $w_2 > w_1$ 和 $w_2 > o+e_1$。假若进行第二阶段紧急订购时的订购总量小于第一阶段总的订购量，最优的订购决策是第二阶段不订购，只执行第一阶段的看涨期权，否则，不仅需要执行全部看涨期权，而且需要进行紧急订购。假若执行看涨期权时的订购总量低于第一阶段固定订购量，则最优的订购决策是第二阶段不订购，只执行看跌期权进行退货。

任意给定 q，令 $i_{\gamma_1}(q) \equiv \arg\max_i H(q|i) \geq \dfrac{p-e_2}{p-v} = \gamma_1$，$i_{\gamma_2}(q) \equiv \arg\max_i H(q|i) \geq \dfrac{p-e_1}{p-v} = \gamma_2$ 和 $i_{\gamma_3}(q) \equiv \arg\max_i H(q|i) \geq \dfrac{p-w_2}{p-v} = \gamma_3$，可得 $q^{\gamma_1}(i) = H^{-1}\left(\dfrac{p-e_2}{p-v} \mid i\right)$，$q^{\gamma_2}(i) = H^{-1}\left(\dfrac{p-e_1}{p-v} \mid i\right)$ 和 $q^{\gamma_3}(i) = H^{-1}\left(\dfrac{p-w_2}{p-v} \mid i\right)$。综上所述，对任意给定 δ，满足 $1 \geq \delta > 0$，令 $i_\delta(q) \equiv \arg\max_i H(q|i) \geq \delta$，可得 $q^\delta(i) = H^{-1}(\delta|i)$。因此，对任意给定的 q 和 δ，$i_\delta(q)$ 是确定 q 的关键信号，即当 $i < i_\delta(q)$ 时，$P(q \geq x(i)|i) > \delta$；当 $i > i_\delta(q)$ 时，$P(q \geq x(i)|i) < \delta$。当任意给定 i 和 δ 时，$q^\delta(i)$ 是方程 $P(q \geq x(i)|i) = \delta$ 的解。引理 3-1 进一步分析了关键信号和订购量的性质及其之间关系。

引理 3-1：(1) 关键信号 $i_\delta(q)$ 关于 q 是严格递增的。

(2) 关键信号 $i_\delta(q)$ 关于 δ 是严格递减的。

(3) 订购量 $q^\delta(i)$ 关于 i 是严格递增的。

(4) 订购量 $q^\delta(i)$ 关于 δ 是严格递增的。

证明与引理 2-1 类似，此处省略。

因为市场信号 i 有随机顺序，更新的需求关于信号随机增加，即 $i_1 < i_2$ 时，有 $H(x|i_1) > H(x|i_2)$。根据引理 3-1(1) 可知，$i_{\gamma_2}(q_1) < i_{\gamma_2}(q_1+q_2)$。由引理 3-1(2) 知，$i_{\gamma_2}(q_1+q_2) < i_{\gamma_3}(q_1+q_2)$ 和 $i_{\gamma_1}(q_1) < i_{\gamma_2}(q_1)$。

利用命题 3-1 可知，零售商最优的购买量与市场信号的关系如下。

命题 3-2：任意给定零售商在第一阶段固定订购量 q_1、看跌期权购买量 q_1、看涨期权购买量 q_2 和 t_2 时刻观察到的市场信号 i，零售商的最优总的购买量 $q^*(q_1,q_2,i)$ 与市场信号 i 的关系满足式（3-18）：

$$q^*(q_1,q_2,i) = \begin{cases} q^{\gamma_3}(i), & i > i_{\gamma_3}(q_1+q_2) \\ q_1+q_2, & i_{\gamma_2}(q_1+q_2) < i < i_{\gamma_3}(q_1+q_2) \\ q^{\gamma_2}(i), & i_{\gamma_2}(q_1) < i < i_{\gamma_2}(q_1+q_2) \\ q_1, & i_{\gamma_1}(q_1) < i < i_{\gamma_2}(q_1) \\ q^{\gamma_1}(i), & i < i_{\gamma_1}(q_1) \end{cases} \quad (3-18)$$

由命题 3-2，可以得到双重期权下在第二阶段零售商的相应决策。

推论 3-1：任意给定零售商在第一阶段固定订购量（看跌期权购买量）q_1、看涨期权购买量 q_2 和 t_2 时刻观察到的市场信号 i，零售商在第二阶段的购买量 $Q_N^*(q_1,q_2,i)$ 与市场信号 i 的关系如下：

$$Q_N^*(q_1,q_2,i) = \begin{cases} q^{\gamma_3}(i)-q_1, & i > i_{\gamma_3}(q_1+q_2) \\ q_2, & i_{\gamma_2}(q_1+q_2) < i < i_{\gamma_3}(q_1+q_2) \\ q^{\gamma_2}(i)-q_1, & i_{\gamma_2}(q_1) < i < i_{\gamma_2}(q_1+q_2) \\ 0, & i_{\gamma_1}(q_1) < i < i_{\gamma_2}(q_1) \\ q^{\gamma_1}(i)-q_1, & i < i_{\gamma_1}(q_1) \end{cases} \quad (3-19)$$

根据推论 3-1，当 $Q_N^*(q_1,q_2,i) > q_2$ 时，说明在第二阶段既要执行全部看涨期权，又需要紧急订购；当 $q_2 \geq Q_N^*(q_1,q_2,i) > 0$ 时，说明在第二阶段只需要执行部分看涨期权；当 $Q_N^*(q_1,q_2,i) = 0$ 时，说明在第二阶段既不退货，也不补货；当 $0 > Q_N^*(q_1,q_2,i) \geq -q_1$ 时，说明在第二阶段需要执行看跌期权退货。由推论 3-1 可知，$i_{\gamma_1}(q_1)$ 为是否执行看跌期权的关键信号，$i_{\gamma_2}(q_1)$ 为是否执行看涨期权的关键信号，$i_{\gamma_3}(q_1+q_2)$ 为是否在第二阶段进行紧急订购的关键信号。

为了便于分析问题，用 Q_N^* 表示 $Q_N^*(q_1,q_2,i)$，下面用图 3-2 对推论 3-1 进行更直观的描述。

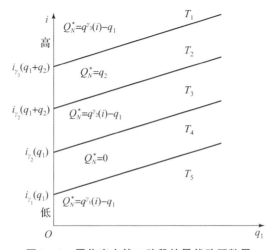

图 3-2 零售商在第二阶段的最优购买数量

图 3-2 直观描述了允许补货和退货时零售商在市场需求信息更新下的第二阶段最优订购策略。从图 3-2 可以看出，当零售商允许补货和退货时，关键信号的数量会随之增多。在第二阶段，当观察到市场信号高于 $i_{\gamma_2}(q_1)$ 时，零售商都需要执行看涨期权补货，对应图 3-2 中 T_1、T_2 和 T_3 区域，具体而言，当市场信号高于 $i_{\gamma_3}(q_1+q_2)$ 时，零售商不仅需要执行全部看涨期权，而且需要紧急订购，紧急订购量为 $q^{\gamma_3}(i) - q_1 - q_2$，总的购买量为 $q^{\gamma_3}(i)$，对应图 3-2 中 T_1 区域；当市场信号介于 $i_{\gamma_3}(q_1+q_2)$ 与 $i_{\gamma_2}(q_1+q_2)$ 之间时，零售商只需要执行全部看涨期权，执行期权数量为 q_2，总的购买量为 q_1+q_2，对应图 3-2 中 T_2 区域；当市场信号高于 $i_{\gamma_2}(q_1)$，而低于 $i_{\gamma_2}(q_1+q_2)$ 时，零售商执行部分看涨期权，执行期权数量为 $q^{\gamma_2}(i) - q_1$，对应图 3-2 中 T_3 区域。当观察到市场信号介于 $i_{\gamma_2}(q_1)$

与 $i_{\gamma_1}(q_1)$ 之间时，零售商在第二阶段既不补货也不退货，即不执行任何方向的期权，第二阶段执行期权数量为 0，保持第一阶段固定订购量，对应图 3-2 中 T_4 区域。当观察到市场信号低于 $i_{\gamma_1}(q_1)$ 时，零售商都需要执行看跌期权退货，看跌期权的执行数量为 $q^{\gamma_1}(i) - q_1$，即此时零售商退货量为 $q_1 - q^{\gamma_1}(i)$，总的购买量为 $q^{\gamma_1}(i)$，对应图 3-2 中 T_5 区域。

3.5 第一阶段最优订购策略

由第二阶段优化问题 $\overline{P_2}$ 可知，$q = q^*(q_1, q_2, i)$，则

$$\begin{aligned}
E[\pi(q_1, q_2, q^*(q_1, q_2, i), i)] &= E[p(q^*(q_1, q_2, i) \wedge x(i))] \\
&\quad + E[v(q^*(q_1, q_2, i) - x(i))^+] \\
&\quad - (w_2 - e_1)(q^*(q_1, q_2, i) - q_1 - q_2)^+ \\
&\quad - e_1(q^*(q_1, q_2, i) - q_1)^+ + e_2(q_1 - q^*(q_1, q_2, i))^+
\end{aligned}$$

零售商第一阶段优化问题 $\overline{P_1}$ 数学描述如下：

$$\overline{P_1}: \overline{V^1} = \max\{E[\pi(q_1, q_2)] = -wq_1 - oq_2 + E_I[\overline{V^2(q_1, q_2, I)}]\}$$

$$\text{s.t.} \begin{cases} q_1 \geq 0 \\ q_2 \geq 0 \end{cases}$$

其中

$$\overline{V^2(q_1, q_2, i)} = E[\pi(q_1, q_2, q^*(q_1, q_2, i), i)]$$

在求解第一阶段最优固定订购量和期权购买量之前，先给出问题 $\overline{P_1}$ 的目标函数的性质。

命题 3-3：$E[\pi(q_1, q_2)]$ 关于 q_1 和 q_2 是联合的凹函数。

证明 $E[\pi(q_1, q_2)] = -wq_1 - oq_1 - oq_2 + E_I[E[\pi(q_1, q_2, q^*(q_1, q_2, i), i)]]$，因为 $H^{-1}(x|i)$ 关于市场信号 i 是单调递减的，利用式（3-18）可得

$$E[\pi(q_1, q_2)]$$

$$= -wq_1 - oq_1 - oq_2 - (p-v)\int_{-\infty}^{i_{\gamma_1}(q_1)} \int_0^{q^{\gamma_1}(i)} (q^{\gamma_1}(i) - x)h(x|i)\mathrm{d}x\phi(i)\mathrm{d}i$$

$$+ \int_{-\infty}^{i_{\gamma_1}(q_1)} p q^{\gamma_1}(i) \phi(i) \mathrm{d}i + e_2 \int_{-\infty}^{i_{\gamma_1}(q_1)} (q_1 - q^{\gamma_1}(i)) \phi(i) \mathrm{d}i$$

$$+ \int_{i_{\gamma_1}(q_1)}^{i_{\gamma_2}(q_1)} p q_1 \phi(i) \mathrm{d}i - (p - v) \int_{i_{\gamma_1}(q_1)}^{i_{\gamma_2}(q_1)} \int_0^{q_1} (q_1 - x) h(x \mid i) \mathrm{d}x \phi(i) \mathrm{d}i$$

$$- (p - v) \int_{i_{\gamma_2}(q_1)}^{i_{\gamma_2}(q_1+q_2)} \int_0^{q^{\gamma_2}(i)} (q^{\gamma_2}(i) - x) h(x \mid i) \mathrm{d}x \phi(i) \mathrm{d}i$$

$$+ \int_{i_{\gamma_2}(q_1)}^{i_{\gamma_2}(q_1+q_2)} p q^{\gamma_2}(i) \phi(i) \mathrm{d}i - e_1 \int_{i_{\gamma_2}(q_1)}^{i_{\gamma_2}(q_1+q_2)} (q^{\gamma_2}(i) - q_1) \phi(i) \mathrm{d}i$$

$$+ \int_{i_{\gamma_2}(q_1+q_2)}^{i_{\gamma_3}(q_1+q_2)} p(q_1 + q_2) \phi(i) \mathrm{d}i - e_1 \int_{i_{\gamma_2}(q_1+q_2)}^{i_{\gamma_3}(q_1+q_2)} q_2 \phi(i) \mathrm{d}i$$

$$- (p - v) \int_{i_{\gamma_2}(q_1+q_2)}^{i_{\gamma_3}(q_1+q_2)} \int_0^{q_1+q_2} (q_1 + q_2 - x) h(x \mid i) \mathrm{d}x \phi(i) \mathrm{d}i$$

$$- (p - v) \int_{i_{\gamma_3}(q_1+q_2)}^{+\infty} \int_0^{q^{\gamma_3}(i)} (q^{\gamma_3}(i) - x) h(x \mid i) \mathrm{d}x \phi(i) \mathrm{d}i$$

$$+ \int_{i_{\gamma_3}(q_1+q_2)}^{+\infty} p q^{\gamma_3}(i) \phi(i) \mathrm{d}i - \int_{i_{\gamma_3}(q_1+q_2)}^{+\infty} (w_2(q^{\gamma_3}(i) - q_1 - q_2) + e_1 q_2) \phi(i) \mathrm{d}i$$

$$(3-20)$$

$\mathrm{E}[\pi(q_1, q_2)]$ 关于 q_1 和 q_2 的一阶偏导数和二阶偏导数分别为

$$\frac{\partial \mathrm{E}[\pi(q_1, q_2)]}{\partial q_1} = -w_1 - o + e_2 \int_{-\infty}^{i_{\gamma_1}(q_1)} \phi(i) \mathrm{d}i$$

$$+ \int_{i_{\gamma_1}(q_1)}^{i_{\gamma_2}(q_1)} [p - (p - v) H(q_1 \mid i) \mathrm{d}x] \phi(i) \mathrm{d}i + e_1 \int_{i_{\gamma_2}(q_1)}^{i_{\gamma_2}(q_1+q_2)} \phi(i) \mathrm{d}i$$

$$+ \int_{i_{\gamma_2}(q_1+q_2)}^{i_{\gamma_3}(q_1+q_2)} [p - (p - v) H(q_1 + q_2 \mid i)] \phi(i) \mathrm{d}i$$

$$+ w_2 \int_{i_{\gamma_3}(q_1+q_2)}^{+\infty} \phi(i) \mathrm{d}i \qquad (3-21)$$

$$\frac{\partial^2 \mathrm{E}[\pi(q_1, q_2)]}{\partial q_1^2} = -(p - v) \left[\int_{i_{\gamma_1}(q_1)}^{i_{\gamma_2}(q_1)} h(q_1 \mid i) \mathrm{d}x \phi(i) \mathrm{d}i \right.$$

$$\left. + \int_{i_{\gamma_2}(q_1+q_2)}^{i_{\gamma_3}(q_1+q_2)} h(q_1 + q_2 \mid i) \phi(i) \mathrm{d}i \right] < 0$$

和

$$\frac{\partial \mathrm{E}[\pi(q_1, q_2)]}{\partial q_2} = -o + \int_{i_{\gamma_2}(q_1+q_2)}^{i_{\gamma_3}(q_1+q_2)} [p - (p - v) H(q_1 + q_2 \mid i)] \phi(i) \mathrm{d}i$$

$$-e_1 \int_{i_{\gamma_2}(q_1+q_2)}^{i_{\gamma_3}(q_1+q_2)} \phi(i)\,\mathrm{d}i + (w_2 - e_1) \int_{i_{\gamma_3}(q_1+q_2)}^{+\infty} \phi(i)\,\mathrm{d}i$$

$$(3-22)$$

$$\frac{\partial^2 \mathrm{E}[\pi(q_1,q_2)]}{\partial q_2^2} = -(p-v)\int_{i_{\gamma_2}(q_1+q_2)}^{i_{\gamma_3}(q_1+q_2)} h(q_1+q_2\mid i)\phi(i)\,\mathrm{d}i < 0$$

$\dfrac{\partial \mathrm{E}[\pi(q_1,q_2)]}{\partial q_1}$ 关于 q_2 的一阶偏导数和 $\dfrac{\partial \mathrm{E}[\pi(q_1,q_2)]}{\partial q_2}$ 关于 q_1 的一阶偏导数分别为

$$\frac{\partial^2 \mathrm{E}[\pi(q_1,q_2)]}{\partial q_1 \partial q_2} = -(p-v)\int_{i_{\gamma_2}(q_1+q_2)}^{i_{\gamma_3}(q_1+q_2)} h(q_1+q_2\mid i)\phi(i)\,\mathrm{d}i$$

$$\frac{\partial^2 \mathrm{E}[\pi(q_1,q_2)]}{\partial q_2 \partial q_1} = -(p-v)\int_{i_{\gamma_2}(q_1+q_2)}^{i_{\gamma_3}(q_1+q_2)} h(q_1+q_2\mid i)\phi(i)\,\mathrm{d}i = \frac{\partial^2 \mathrm{E}[\pi(q_1,q_2)]}{\partial q_1 \partial q_2}$$

$\mathrm{E}[\pi(q_1,q_2)]$ 的 Hessian 矩阵为

$$\begin{bmatrix} \dfrac{\partial^2 \mathrm{E}[\pi(q_1,q_2)]}{\partial q_1^2} & \dfrac{\partial^2 \mathrm{E}[\pi(q_1,q_2)]}{\partial q_1 \partial q_2} \\ \dfrac{\partial^2 \mathrm{E}[\pi(q_1,q_2)]}{\partial q_2 \partial q_1} & \dfrac{\partial^2 \mathrm{E}[\pi(q_1,q_2)]}{\partial q_2^2} \end{bmatrix}$$

因为

$$\frac{\partial^2 \mathrm{E}[\pi(q_1,q_2)]}{\partial q_1 \partial q_2}\frac{\partial^2 \mathrm{E}[\pi(q_1,q_2)]}{\partial q_2 \partial q_1} = (p-v)^2 \left[\int_{i_{\gamma_2}(q_1+q_2)}^{i_{\gamma_3}(q_1+q_2)} h(q_1+q_2\mid i)\phi(i)\,\mathrm{d}i\right]^2$$

和

$$\frac{\partial^2 \mathrm{E}[\pi(q_1,q_2)]}{\partial q_1^2}\frac{\partial^2 \mathrm{E}[\pi(q_1,q_2)]}{\partial q_2^2} = (p-v)^2 \left[\int_{i_{\gamma_2}(q_1+q_2)}^{i_{\gamma_3}(q_1+q_2)} h(q_1+q_2\mid i)\phi(i)\,\mathrm{d}i\right]^2$$

$$+ (p-v)^2 \left[\int_{i_{\gamma_1}(q_1)}^{i_{\gamma_2}(q_1)} h(q_1\mid i)\,\mathrm{d}x\phi(i)\,\mathrm{d}i\right]$$

则可推出

$$\frac{\partial^2 \mathrm{E}[\pi(q_1,q_2)]}{\partial q_1^2}\frac{\partial^2 \mathrm{E}[\pi(q_1,q_2)]}{\partial q_2^2} - \frac{\partial^2 \mathrm{E}[\pi(q_1,q_2)]}{\partial q_1 \partial q_2}\frac{\partial^2 \mathrm{E}[\pi(q_1,q_2)]}{\partial q_2 \partial q_1}$$

$$= (p-v)^2 \left[\int_{i_{\gamma_1}(q_1)}^{i_{\gamma_2}(q_1)} h(q_1\mid i)\,\mathrm{d}x\phi(i)\,\mathrm{d}i\right] > 0$$

又因为 $\dfrac{\partial^2 \mathrm{E}[\pi(q_1,q_2)]}{\partial q_1^2} < 0$,这说明 $\mathrm{E}[\pi(q_1,q_2)]$ 的 Hessian 矩阵为严格负定的,则 $\mathrm{E}[\pi(q_1,q_2)]$ 关于 q_1 和 q_2 是联合的凹函数。

根据命题 3-3,下面分析零售商在第一阶段最优的固定订购量和期权购买量。

设 $q_0 = q_1 + q_2$,则式 (3-20) 可以转化为式 (3-23):

$$\begin{aligned}
\mathrm{E}[\pi(q_1,q_0)] = & -wq_1 - oq_0 - (p-v)\int_{-\infty}^{i_{\gamma_1}(q_1)}\int_0^{q^{\gamma_1}(i)}(q^{\gamma_1}(i)-x)h(x\mid i)\mathrm{d}x\phi(i)\mathrm{d}i \\
& + \int_{-\infty}^{i_{\gamma_1}(q_1)} pq^{\gamma_1}(i)\phi(i)\mathrm{d}i + e_2\int_{-\infty}^{i_{\gamma_1}(q_1)}(q_1 - q^{\gamma_1}(i))\phi(i)\mathrm{d}i \\
& + \int_{i_{\gamma_1}(q_1)}^{i_{\gamma_2}(q_1)} pq_1\phi(i)\mathrm{d}i - (p-v)\int_{i_{\gamma_1}(q_1)}^{i_{\gamma_2}(q_1)}\int_0^{q_1}(q_1-x)h(x\mid i)\mathrm{d}x\phi(i)\mathrm{d}i \\
& - (p-v)\int_{i_{\gamma_2}(q_1)}^{i_{\gamma_2}(q_0)}\int_0^{q^{\gamma_2}(i)}(q^{\gamma_2}(i)-x)h(x\mid i)\mathrm{d}x\phi(i)\mathrm{d}i \\
& + \int_{i_{\gamma_2}(q_1)}^{i_{\gamma_2}(q_0)} pq^{\gamma_2}(i)\phi(i)\mathrm{d}i - e_1\int_{i_{\gamma_2}(q_1)}^{i_{\gamma_2}(q_0)}(q^{\gamma_2}(i)-q_1)\phi(i)\mathrm{d}i \\
& + \int_{i_{\gamma_2}(q_0)}^{i_{\gamma_3}(q_0)} pq_0\phi(i)\mathrm{d}i - e_1\int_{i_{\gamma_2}(q_0)}^{i_{\gamma_3}(q_0)}(q_0 - q_1)\phi(i)\mathrm{d}i \\
& - (p-v)\int_{i_{\gamma_2}(q_0)}^{i_{\gamma_3}(q_0)}\int_0^{q_0}(q_0-x)h(x\mid i)\mathrm{d}x\phi(i)\mathrm{d}i \\
& - (p-v)\int_{i_{\gamma_3}(q_0)}^{+\infty}\int_0^{q^{\gamma_3}(i)}(q^{\gamma_3}(i)-x)h(x\mid i)\mathrm{d}x\phi(i)\mathrm{d}i \\
& + \int_{i_{\gamma_3}(q_0)}^{+\infty} pq^{\gamma_3}(i)\phi(i)\mathrm{d}i - \int_{i_{\gamma_3}(q_0)}^{+\infty}(w_2(q^{\gamma_3}(i)-q_0) \\
& + e_1 q_0 - e_1 q_1)\phi(i)\mathrm{d}i
\end{aligned}$$
$$(3-23)$$

$\mathrm{E}[\pi(q_1,q_0)]$ 关于 q_1 和 q_0 的一阶偏导数和二阶偏导数分别为

$$\begin{aligned}
\dfrac{\partial \mathrm{E}[\pi(q_1,q_0)]}{\partial q_1} = & -w_1 + e_2\int_{-\infty}^{i_{\gamma_1}(q_1)}\phi(i)\mathrm{d}i + \int_{i_{\gamma_1}(q_1)}^{i_{\gamma_2}(q_1)}[p-(p-v)H(q_1\mid i)\mathrm{d}x]\phi(i)\mathrm{d}i \\
& + e_1\int_{i_{\gamma_2}(q_1)}^{+\infty}\phi(i)\mathrm{d}i
\end{aligned}$$
$$(3-24)$$

$$\frac{\partial^2 E[\pi(q_1,q_0)]}{\partial q_1^2} = -(p-v)\int_{i_{\gamma_1}(q_1)}^{i_{\gamma_2}(q_1)} h(q_1\mid i)\mathrm{d}x\phi(i)\mathrm{d}i < 0$$

和

$$\frac{\partial E[\pi(q_1,q_0)]}{\partial q_0} = -o + \int_{i_{\gamma_2}(q_0)}^{i_{\gamma_3}(q_0)}[p-(p-v)H(q_0\mid i)]\phi(i)\mathrm{d}i - e_1\int_{i_{\gamma_2}(q_0)}^{i_{\gamma_3}(q_0)}\phi(i)\mathrm{d}i$$

$$+ (w_2 - e_1)\int_{i_{\gamma_3}(q_0)}^{+\infty}\phi(i)\mathrm{d}i$$

(3-25)

$$\frac{\partial^2 E[\pi(q_1,q_0)]}{\partial q_0^2} = -(p-v)\int_{i_{r_2}(q_0)}^{i_{\gamma_3}(q_0)} h(q_0\mid i)\phi(i)\mathrm{d}i < 0$$

$\dfrac{\partial E[\pi(q_1,q_0)]}{\partial q_1}$ 关于 q_0 的一阶偏导数和 $\dfrac{\partial E[\pi(q_1,q_0)]}{\partial q_0}$ 关于 q_1 的一阶偏导数分别为

$$\frac{\partial^2 E[\pi(q_1,q_0)]}{\partial q_0 \partial q_1} = \frac{\partial^2 E[\pi(q_1,q_0)]}{\partial q_1 \partial q_0} = 0$$

则可推出

$$\frac{\partial^2 E[\pi(q_1,q_0)]}{\partial q_1^2}\frac{\partial^2 E[\pi(q_1,q_0)]}{\partial q_0^2} - \frac{\partial^2 E[\pi(q_1,q_0)]}{\partial q_1 \partial q_0}\frac{\partial^2 E[\pi_r(q_1,q_0)]}{\partial q_0 \partial q_1}$$

$$= (p-v)^2 \int_{i_{\gamma_2}(q_0)}^{i_{\gamma_3}(q_0)} h(q_0\mid i)\phi(i)\mathrm{d}i \int_{i_{\gamma_1}(q_1)}^{i_{\gamma_2}(q_1)} h(q_1\mid i)\mathrm{d}x\phi(i)\mathrm{d}i > 0$$

又因为 $\dfrac{\partial^2 E[\pi_r(q_1,q_0)]}{\partial q_1^2} < 0$ 和 $\dfrac{\partial^2 E[\pi_r(q_1,q_0)]}{\partial q_1^2} < 0$，这说明 $E[\pi(q_1,q_0)]$ 的 Hessian 矩阵也是严格负定的，则 $E[\pi(q_1,q_0)]$ 关于 q_1 和 q_0 是联合的凹函数。

根据关键信号定义和引理 3-1，由式 (3-24)，可以推出

$$\left.\frac{\partial E[\pi(q_1,q_0)]}{\partial q_1}\right|_{q_1=0} = e_1 - w_1 > 0$$

和

$$\lim_{q_1\to\infty}\frac{\partial E[\pi(q_1,q_0)]}{\partial q_1} = e_2 - w_1 < 0$$

则存在唯一的解 $\overline{q_1}$ 满足式 (3-26)：

$$e_2 \int_{-\infty}^{i_{\gamma_1}(\overline{q_1})} \phi(i) \mathrm{d}i + \int_{i_{\gamma_1}(\overline{q_1})}^{i_{\gamma_2}(\overline{q_1})} [p - (p-v)H(\overline{q_1}|i)\mathrm{d}x] \phi(i) \mathrm{d}i + e_1 \int_{i_{\gamma_2}(\overline{q_1})}^{+\infty} \phi(i) \mathrm{d}i = w_1$$

(3-26)

同理，由式（3-25），可以推出

$$\left. \frac{\partial \mathrm{E}[\pi(q_1,q_0)]}{\partial q_0} \right|_{q_0=0} = w_2 - e_1 - o > 0$$

和

$$\lim_{q_0 \to +\infty} \frac{\partial \mathrm{E}[\pi(q_1,q_0)]}{\partial q_0} = -o < 0$$

则存在唯一的解 $\overline{q_0}$ 满足式（3-27）：

$$o = \int_{i_{\gamma_2}(\overline{q_0})}^{i_{\gamma_3}(\overline{q_0})} [p - (p-v)H(\overline{q_0}|i)] \phi(i) \mathrm{d}i - e_1 \int_{i_{\gamma_2}(\overline{q_0})}^{i_{\gamma_3}(\overline{q_0})} \phi(i) \mathrm{d}i + (w_2 - e_1) \int_{i_{\gamma_3}(\overline{q_0})}^{+\infty} \phi(i) \mathrm{d}i.$$

(3-27)

因此，若 $\overline{q_0} > \overline{q_1}$，则第一阶段最优的固定订购量（看跌期权购买量）和看涨期权购买量分别是 $\overline{q_1}$ 和 $\overline{q_0} - \overline{q_1}$；若 $\overline{q_1} \geq \overline{q_0}$，则最优的看涨期权购买量一定为 0，即 $q_0 = q_1$，第一阶段最优固定订购量一定满足一阶最优条件，即 $\frac{\partial \mathrm{E}[\pi(q_1,q_1)]}{\partial q_1} = 0$。

当零售商在第一阶段看涨期权购买量 $q_2 = 0$ 时，由命题 3-1，零售商的最优总的购买量 $q^*(q_1,i)$ 满足下式：

$$q^*(q_1,i) = \begin{cases} q^{\gamma_3}(i), & i \geq i_{\gamma_3}(q_1) \\ q_1, & i_{\gamma_1}(q_1) < i < i_{\gamma_3}(q_1) \\ q^{\gamma_1}(i), & i \leq i_{\gamma_1}(q_1) \end{cases}$$

相应的零售商在第二阶段最优的购买量满足下式：

$$Q^*(q_1,i) = \begin{cases} q^{\gamma_3}(i) - q_1, & i \geq i_{\gamma_3}(q_1) \\ 0, & i_{\gamma_1}(q_1) < i < i_{\gamma_3}(q_1) \\ q^{\gamma_1}(i) - q_1, & i \leq i_{\gamma_1}(q_1) \end{cases}$$

相应的零售商在第一阶段期望收益函数为

$$E[\pi(q_1,q_1)]$$
$$= -(p-v)\int_{i_{\gamma_1}(q_1)}^{i_{\gamma_3}(q_1)}\int_0^{q_1}(q_1-x)h(x|i)\mathrm{d}x\phi(i)\mathrm{d}i + \int_{i_{\gamma_1}(q_1)}^{i_{\gamma_3}(q_1)}pq_1\phi(i)\mathrm{d}i$$
$$-(p-v)\int_{i_{\gamma_3}(q_1)}^{+\infty}\int_0^{q^{\gamma_3}(i)}[(q^{\gamma_3}(i)-x)h(x|i)\mathrm{d}x]\phi(i)\mathrm{d}i - oq_1$$
$$+\int_{i_{\gamma_3}(q_1)}^{+\infty}pq^{\gamma_3}(i)\phi(i)\mathrm{d}i - \int_{i_{\gamma_3}(q_1)}^{+\infty}w_2(q^{\gamma_3}(i)-q_1)\phi(i)\mathrm{d}i - w_1q_1$$
$$-(p-v)\int_{-\infty}^{i_{\gamma_1}(q_1)}\int_0^{q^{\gamma_1}(i)}(q^{\gamma_1}(i)-x)h(x|i)\mathrm{d}x\phi(i)\mathrm{d}i$$
$$+\int_{-\infty}^{i_{\gamma_1}(q_1)}pq^{\gamma_1}(i)\phi(i)\mathrm{d}i + e_2\int_{-\infty}^{i_{\gamma_1}(q_1)}(q_1-q^{\gamma_1}(i))\phi(i)\mathrm{d}i \qquad (3-28)$$

$E[\pi(q_1,q_1)]$关于 q_1 的一阶偏导数和二阶偏导数分别为

$$\frac{\partial E[\pi(q_1,q_1)]}{\partial q_1} = w_2 - w_1 - o - (p-v)\int_{i_{\gamma_1}(q_1)}^{i_{\gamma_3}(q_1)}H(q_1|i)\phi(i)\mathrm{d}i$$
$$+ (p-w_2)G(i_{\gamma_3}(q_1)) - (p-e_2)G(i_{\gamma_1}(q_1))$$
$$(3-29)$$

和

$$\frac{\partial^2 E[\pi_r(q_1,q_1)]}{\partial q_1^2} = -(p-v)\int_{i_{\gamma_1}(q_1)}^{i_{\gamma_3}(q_1)}h(q_1|i)\phi(i)\mathrm{d}i < 0$$

因为

$$\left.\frac{\partial E[\pi(q_1,q_1)]}{\partial q_1}\right|_{q_1=0} = w_2 - w_1 - o > 0$$

和

$$\lim_{q_1\to\infty}\frac{\partial E[\pi(q_1,q_1)]}{\partial q_1} = -o - w_1 + e_2 < 0$$

则存在唯一的最优解 $\hat{q}_1$ 满足式 (3-31):

$$w_2 - w_1 - o - (p-v)\int_{i_{\gamma_1}(\hat{q}_1)}^{i_{\gamma_3}(\hat{q}_1)}H(\hat{q}_1|i)\phi(i)\mathrm{d}i + (p-w_2)G(i_{\gamma_3}(\hat{q}_1))$$
$$- (p-e_2)G(i_{\gamma_1}(\hat{q}_1)) = 0 \qquad (3-30)$$

综上所述,若 $\overline{q_1} \geqslant \overline{q_0}$,零售商在第一阶段最优固定订购量(看跌期权购买量)是 $\hat{q}_1$,最优的看涨期权购买量为 0,进一步可以获得零售商在第一阶段有如

下的订购策略。

命题 3-4：零售商在第一阶段最优的固定订购量（看跌期权购买量）q_1^* 和看涨期权购买量 q_2^* 满足式（3-31）：

$$(q_1^*, q_2^*) = \begin{cases} (\overline{q_1}, \overline{q_0} - \overline{q_1}), & \overline{q_0} > \overline{q_1} \\ (\hat{q}_1, 0), & \overline{q_0} \leq \overline{q_1} \end{cases} \quad (3-31)$$

当 $\overline{q_0} > \overline{q_1}$ 时，零售商在第一阶段需要购买看涨期权。命题 3-5 给出了此时零售商两阶段优化问题的最优决策。

命题 3-5：当 $\overline{q_0} > \overline{q_1}$ 时，零售商两阶段的最优订购策略如下。

（1）第一阶段的固定订购量（看跌期权购买量）$\overline{q_1}$ 和看涨期权购买量 $\overline{q_2} = \overline{q_0} - \overline{q_1}$ 满足

$$e_2 \int_{-\infty}^{i_{\gamma_1}(\overline{q_1})} \phi(i) \mathrm{d}i + \int_{i_{\gamma_1}(\overline{q_1})}^{i_{\gamma_2}(\overline{q_1})} [p - (p-v)H(\overline{q_1} \mid i) \mathrm{d}x] \phi(i) \mathrm{d}i + e_1 \int_{i_{\gamma_2}(\overline{q_1})}^{+\infty} \phi(i) \mathrm{d}i = w_1$$

$$\int_{i_{\gamma_2}(\overline{q_0})}^{i_{\gamma_3}(\overline{q_0})} [p - (p-v)H(\overline{q_0} \mid i)] \phi(i) \mathrm{d}i - e_1 \int_{i_{\gamma_2}(\overline{q_0})}^{i_{\gamma_3}(\overline{q_0})} \phi(i) \mathrm{d}i + (w_2 - e_1) \int_{i_{\gamma_3}(\overline{q_0})}^{+\infty} \phi(i) \mathrm{d}i = o$$

（2）第二阶段的购买量 $Q_N^*(\overline{q_1}, \overline{q_0}, i)$ 满足

$$Q_N^*(\overline{q_1}, \overline{q_0}, i) = \begin{cases} q^{\gamma_3}(i) - \overline{q_0}, & i > i_{\gamma_3}(\overline{q_0}) \\ \overline{q_0} - \overline{q_1}, & i_{\gamma_2}(\overline{q_0}) < i < i_{\gamma_3}(\overline{q_0}) \\ q^{\gamma_2}(i) - \overline{q_1}, & i_{\gamma_2}(\overline{q_1}) < i < i_{\gamma_2}(\overline{q_0}) \\ 0, & i_{\gamma_1}(\overline{q_1}) < i < i_{\gamma_2}(\overline{q_1}) \\ q^{\gamma_1}(i) - \overline{q_1}, & i < i_{\gamma_1}(\overline{q_1}) \end{cases}$$

当 $\overline{q_0} \leq \overline{q_1}$ 时，零售商在第一阶段不需要购买看涨期权。命题 3-6 给出了此时零售商两阶段优化问题的最优决策。

命题 3-6：当 $\overline{q_0} \leq \overline{q_1}$ 时，零售商两阶段的最优订购策略如下。

（1）第一阶段的订购策略是不购买看涨期权，固定订购量（看跌期权购买量）$\hat{q}_1$ 满足

$$w_2 - w_1 - o - (p-v) \int_{i_{\gamma_1}(\hat{q}_1)}^{i_{\gamma_3}(\hat{q}_1)} H(\hat{q}_1 \mid i) \phi(i) \mathrm{d}i + (p - w_2) G(i_{\gamma_3}(\hat{q}_1))$$

$$- (p - e_2) G(i_{\gamma_1}(\hat{q}_1)) = 0$$

(2) 第二阶段的购买量 $Q^*(\hat{q}_1,i)$ 满足

$$Q^*(\hat{q}_1,i) = \begin{cases} q^{\gamma_3}(i) - \hat{q}_1, & i \geq i_{\gamma_3}(\hat{q}_1) \\ 0, & i_{\gamma_1}(\hat{q}_1) < i < i_{\gamma_3}(\hat{q}_1) \\ q^{\gamma_1}(i) - \hat{q}_1, & i \leq i_{\gamma_1}(\hat{q}_1) \end{cases}$$

通过以上的分析可知，若找出第一阶段最优订购决策，必须求解方程（3-26）和方程（3-27），或者是方程（3-30）。由于累计分布函数 $H(x|i)$ 和 $\Phi(i)$，以及概率密度函数 $\phi(i)$ 的存在，所以很难给出第一阶段最优订购量的解析解，下面考虑无价值信息和完美信息两种特殊情形。

3.5.1 无价值信息

无价值信息是指零售商在 t_2 时刻观察到的市场信号 I 对随机需求没有任何影响。用数学语言描述就是随机变量 D 和 I 互相独立，即 $\Theta(i,x) = \Phi(i)F(x)$，$H(x|i) = F(x)$，$h(x|i) = f(x)$。因为 t_2 时刻观察到的市场信号 I 对需求更新没有影响，且 $w_2 > w_1$ 和 $e_1 + o > w_1$，所以零售商不会在第二阶段进行紧急订购，也不会在第一阶段购买期权。这样原来研究的问题就简化为无需求更新下的零售商订购决策问题，此时零售商的期望利润 $E'^w[\pi(q_1)]$ 可以表示为

$$E'^w[\pi_r(q_1)] = -w_1 q_1 + E[p(q \wedge x)] + E[v(q_1 - x)^+]$$

此时零售商优化问题 $P_1'^w$ 可以表示成如下形式：

$$V'^w = \max E'^w[\pi_r(q_1)]$$
$$\text{s.t.} \quad q_1 \geq 0 \qquad (3-32)$$

通过求解优化问题 $P_1'^w$ 可以推出无价值信息时零售商的最优订购策略。

推论 3-2：t_1 到 t_2 时刻无价值信息更新时，零售商只在第一阶段进行固定订购，其最优的订购量是 $H^{-1}\left(\dfrac{p-w_1}{p-v}\right)$。

3.5.2 完美信息

完美信息是市场信号的又一个极端的情形，是指修订的需求信息是完美的，

它表示需求是市场信号的函数，即 $X = T(I)$。顺序属性说明需求关于市场信号 I 是单调递增的，为了便于表达，假设 $T(I)$ 的反函数存在。因为 $p > w_2 > o + e_1 > w_1$，所以满足实现的需求总是最优的。此时零售商最优总订购量是 $q_p^* = T(I)$，零售商优化问题 P^p 可以表示成如下形式：

$$P^p: V^p = \max E^p[\pi_r(q_1, q_0)]$$

$$\text{s. t.} \begin{cases} q_1 \geqslant 0 \\ q_2 \geqslant 0 \end{cases} \quad (3-33)$$

其中 $q_0 = q_1 + q_2$。

$$E^p[\pi_r(q_1, q_0)] = -w_1 q_1 - o q_0 + \int_{-\infty}^{+\infty} pT(i)\phi(i)\mathrm{d}i + e_2 \int_{-\infty}^{T^{-1}(q_1)} (q_1 - T(i))\phi(i)\mathrm{d}i$$

$$- e_1 \int_{T^{-1}(q_1)}^{T^{-1}(q_0)} (T(i) - q_1)\phi(i)\mathrm{d}i$$

$$- \int_{T^{-1}(q_0)}^{+\infty} [w_2(T(i) - q_0) + e_1 q_0 - e_1 q_1]\phi(i)\mathrm{d}i \quad (3-34)$$

$E^p[\pi_r(q_1, q_0)]$ 关于 q_1 和 q_0 的一阶偏导数和二阶偏导数分别为

$$\frac{\partial E^p[\pi_r(q_1, q_0)]}{\partial q_1} = -w_1 + e_2 \int_{-\infty}^{T^{-1}(q_1)} \phi(i)\mathrm{d}i + e_1 \int_{T^{-1}(q_1)}^{+\infty} \phi(i)\mathrm{d}i \quad (3-35)$$

$$\frac{\partial^2 E^p[\pi_r(q_1, q_0)]}{\partial q_1^2} = (e_2 - e_1)\phi(T^{-1}(q_1))\frac{\mathrm{d}T^{-1}(q_1)}{\mathrm{d}q_1} < 0$$

和

$$\frac{\partial E^p[\pi_r(q_1, q_0)]}{\partial q_0} = -o + (w_2 - e_1)\int_{T^{-1}(q_0)}^{+\infty} \phi(i)\mathrm{d}i \quad (3-36)$$

$$\frac{\partial^2 E^p[\pi_r(q_1, q_0)]}{\partial q_0^2} = (e_1 - w_2)\phi(T^{-1}(q_0))\frac{\mathrm{d}T^{-1}(q_0)}{\mathrm{d}q_0} < 0$$

则可推出 $E^p[\pi_r(q_1, q_0)]$ 关于 q_1 和 q_0 均是凹函数。令

$$\frac{\partial E^p[\pi_r(q_1, q_0)]}{\partial q_1} = -w_1 + e_2 \int_{-\infty}^{T^{-1}(q_1)} \phi(i)\mathrm{d}i + e_1 \int_{T^{-1}(q_1)}^{+\infty} \phi(i)\mathrm{d}i = 0$$

$$\frac{\partial E^p[\pi_r(q_1, q_0)]}{\partial q_0} = -o + (w_2 - e_1)\int_{T^{-1}(q_0)}^{+\infty} \phi(i)\mathrm{d}i = 0$$

可得唯一解

$$q_0^p = T\left(\Phi^{-1}\left(\frac{w_2 - o - e_1}{w_2 - e_1}\right)\right), \quad q_1^p = T\left(\Phi^{-1}\left(\frac{e_1 - w_1}{e_1 - e_2}\right)\right)$$

设 $q_2^p = q_0^p - q_1^p$，当 $\frac{w_2 - o - e_1}{w_2 - e_1} > \frac{e_1 - w_1}{e_1 - e_2}$ 时，即 $o < \frac{w_1 w_2 + e_1 e_2 - w_1 e_1 - w_2 e_2}{e_1 - e_2}$，可得 $q_0^p > q_1^p$，命题 3-7 给出了完美信息下零售商最优订购策略。

命题 3-7：当 $o < \frac{w_1 w_2 + e_1 e_2 - w_1 e_1 - w_2 e_2}{e_1 - e_2}$ 时，完美信息下零售商两阶段的最优订购策略如下。

（1）第一阶段的固定订购量（看跌期权购买量）是

$$q_1^p = T\left(\Phi^{-1}\left(\frac{e_1 - w_1}{e_1 - e_2}\right)\right)$$

第一阶段的看涨期权购买量是

$$q_2^p = T\left(\Phi^{-1}\left(\frac{w_2 - o - e_1}{w_2 - e_1}\right)\right) - T\left(\Phi^{-1}\left(\frac{e_1 - w_1}{e_1 - e_2}\right)\right)$$

（2）第二阶段的紧急订购量 $Q^*(q_1^p, q_2^p, i)$ 满足

$$Q^*(q_1^p, q_2^p, i) = \begin{cases} T(i) - q_1^p - q_2^p, & i > \Phi^{-1}\left(\frac{w_2 - o - e_1}{w_2 - e_1}\right) \\ 0, & i \leq \Phi^{-1}\left(\frac{w_2 - o - e_1}{w_2 - e_1}\right) \end{cases}$$

由命题 3-7 可知，在完美信息下，当期权价格不超过确定的阈值 $\frac{w_1 w_2 + e_1 e_2 - w_1 e_1 - w_2 e_2}{e_1 - e_2}$ 时，零售商在第一阶段才购买看涨期权；零售商在第二阶段紧急订购量与市场信号有关，当市场信号低时，即 $i \leq \Phi^{-1}\left(\frac{w_2 - o - e_1}{w_2 - e_1}\right)$，第二阶段最优决策是不订购，当市场信号高时，即 $i > \Phi^{-1}\left(\frac{w_2 - o - e_1}{w_2 - e_1}\right)$，第二阶段紧急购买量为 $T(i) - q_1^p - q_2^p$。这是因为市场需求是信号的严格递增函数，当信号低时，市场需求量小，第一阶段订购量足以满足需求；当信号高时，对应的市场需求量大，需要在第二阶段订购满足市场需求。

当 $o \geq \dfrac{w_1 w_2 + e_1 e_2 - w_1 e_1 - w_2 e_2}{e_1 - e_2}$ 时,零售商最优的看涨期权购买量一定为 0,即 $q_0 = q_1$,第一阶段最优固定订购量(看跌期权购买量)一定满足一阶条件,即 $\dfrac{\partial \mathrm{E}^p[\pi_r(q_1, q_1)]}{\partial q_1} = 0$。

当零售商在第一阶段看涨期权购买量 $q_2 = 0$ 时,零售商的期望收益函数为

$$\mathrm{E}^p[\pi_r(q_1, q_1)] = -w_1 q_1 - o q_1 + \int_{-\infty}^{+\infty} p T(i) \phi(i) \mathrm{d}i + e_2 \int_{-\infty}^{T^{-1}(q_1)} (q_1 - T(i)) \phi(i) \mathrm{d}i$$
$$- \int_{T^{-1}(q_1)}^{+\infty} [w_2 (T(i) - q_1)] \phi(i) \mathrm{d}i \tag{3-37}$$

$\mathrm{E}^p[\pi_r(q_1, q_1)]$ 关于 q_1 的一阶偏导数和二阶偏导数分别为

$$\dfrac{\partial \mathrm{E}^p[\pi_r(q_1, q_1)]}{\partial q_1} = -w_1 - o + e_2 \int_{-\infty}^{T^{-1}(q_1)} \phi(i) \mathrm{d}i + w_2 \int_{T^{-1}(q_1)}^{+\infty} \phi(i) \mathrm{d}i \tag{3-38}$$

和

$$\dfrac{\partial^2 \mathrm{E}^p[\pi_r(q_1, q_1)]}{\partial q_1^2} = (e_2 - w_2) \phi(T^{-1}(q_1)) \dfrac{\mathrm{d} T^{-1}(q_1)}{\mathrm{d} q_1} < 0$$

则存在唯一的最优解 $\hat{q}_1^p = T\left(\Phi^{-1}\left(\dfrac{w_2 - w_1 - o}{w_2 - e_2}\right)\right)$。

当 $\dfrac{e_1 - w_1}{e_1 - e_2} \geq \dfrac{w_2 - o - e_1}{w_2 - e_1}$ 时,命题 3-8 给出了此种情况完美信息下零售商最优订购策略。

命题 3-8:当 $o \geq \dfrac{w_1 w_2 + e_1 e_2 - w_1 e_1 - w_2 e_2}{e_1 - e_2}$ 时,完美信息下零售商两阶段的最优订购策略如下。

(1) 第一阶段的固定订购量(看跌期权购买量)是

$$\hat{q}_1^p = T\left(\Phi^{-1}\left(\dfrac{w_2 - w_1 - o}{w_2 - e_2}\right)\right)$$

第一阶段的看涨期权购买量是

$$\hat{q}_2^p = 0$$

(2) 第二阶段的紧急订购量 $Q^*(\hat{q}_1^p, i)$ 满足

$$Q^*(\hat{q}_1^p, i) = \begin{cases} T(i) - \hat{q}_1^p, & i > \Phi^{-1}\left(\dfrac{w_2 - w_1 - o}{w_2 - e_2}\right) \\ 0, & i \leq \Phi^{-1}\left(\dfrac{w_2 - w_1 - o}{w_2 - e_2}\right) \end{cases}$$

根据命题 3-8，在完美信息下，当期权价格超过阈值 $\dfrac{w_1 w_2 + e_1 e_2 - w_1 e_1 - w_2 e_2}{e_1 - e_2}$ 时，零售商在第一阶段最优决策是不购买看涨期权，这是因为购买和执行看涨期权的成本相对于固定订购太高；零售商在第二阶段的紧急订购量与市场信号有关，当市场信号低时，即 $i \leq \Phi^{-1}\left(\dfrac{w_2 - w_1 - o}{w_2 - e_2}\right)$，第二阶段的最优决策是不订购；当市场信号高时，即 $i > \Phi^{-1}\left(\dfrac{w_2 - w_1 - o}{w_2 - e_2}\right)$，第二阶段的紧急订购量为 $T(i) - \hat{q}_1^p$。

3.6 数值试验

本节通过数值试验说明了以下两个关系：一是不购买看涨期权时，零售商第一阶段最优固定订购量与市场信息准确性的关系；二是购买看涨期权时，零售商第一阶段最优总的订购量（固定订购量和看涨期权购买量之和）与市场信息准确性的关系。试验参数设置如下：$p = 11$，$o = 2$，$e_1 = 6$，$e_2 = 4$，$h = 5$，$w_1 = 5$，$w_2 = 9$ 和 $v = 1$。假设市场需求和信号服从二元正态分布，均值分别是 $\mu = 1\,000$ 和 $\eta = 400$，标准差分别是 $\sigma = 300$ 和 $\gamma = 100$，相关系数是 $\rho \in [0, 1]$，它反映了市场信息的准确性，$\rho = 0$ 说明市场信息是无价值的，$\rho = 1$ 说明市场信息是完美的。

为了分析市场信息准确性对零售商第一阶段订购量的影响，将 ρ 从 0 递增到 1，步长为 0.05。图 3-3 说明了不购买看涨期权时，零售商第一阶段最优固定订购量与市场信息准确性的关系。从图 3-3 可以看出零售商在第一阶段的最优固

定订购量随着相关系数 ρ 的增加是逐渐减少的。这是因为第一阶段的最优固定订购量与看跌期权购买量相同，需求信息越准确，零售商越会减少看跌期权购买量，需求更新后增加在第二阶段的订购量。

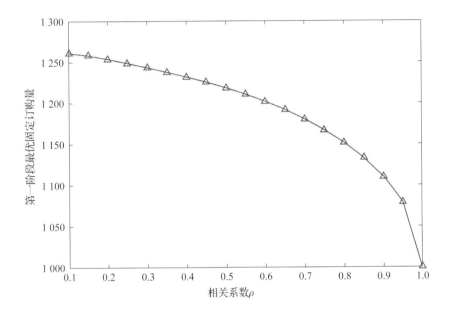

图 3 - 3　零售商第一阶段最优固定订购量与市场信息准确性的关系

图 3 - 4 说明了购买看涨期权时，零售商第一阶段最优总的订购量随市场信息准确性的变化。与不购买看涨期权时图 3 - 3 描述的结果不同，图 3 - 4 描述了随着相关系数 ρ 的增大，零售商第一阶段最优总的订购量都是先逐渐增加，然后逐渐减少的。这是由于随着需求信息更准确，零售商逐渐减少第一阶段的最优固定订购量，但是因为第一阶段同时购买了看涨期权，零售商可以在第二阶段执行看涨期权补货，所以零售商会增加看涨期权购买量。此外，比较图 3 - 3 和图 3 - 4 的结果发现任意给定相关系数 ρ 值，购买看涨期权时零售商第一阶段的订购量都高于不购买看涨期权时第一阶段的订购量，这个结果与命题 2 - 4、命题 2 - 5 和命题 2 - 6 一致。

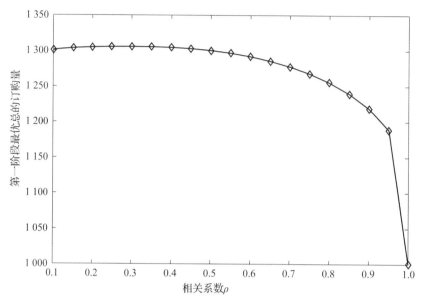

图3-4 零售商第一阶段最优总的订购量随市场信息准确性的变化

3.7 本章小结

本章研究了基于双重期权契约和需求更新的库存模型,是对第2章模型的拓展。针对第一阶段初始固定订购量已经超过需求信息更新后的需求量的情形,考虑零售商在第一阶段同时确定初始固定订购量和双重期权购买量,需求信息更新以后,在第二阶段确定是否执行期权、执行何种期权、执行多少期权以及紧急订购量等问题。

采用动态规划方法给出了零售商两阶段最优的订购策略。零售商两阶段最优的订购量与市场信号密切相关。当第一阶段需要购买看涨期权时,存在3个关键信号,用来确定是否进行第二阶段紧急订购、是否执行看涨期权,以及是否执行看跌期权。当第一阶段不需要购买看涨期权时,存在一个关键信号,当市场信号高于关键信号时,在第二阶段进行紧急订购;当市场信号低于关键信号时,在第二阶段执行看跌期权退货。

研究了市场信号的两种特殊情况:无价值信息情况和完美信息情况。无价值信息情况下,零售商只在第一阶段进行固定订购。完美信息情况下,存在一个期权价格临界值,当期权价格低于临界值时,零售商最优的固定订购量和看涨期权购买量与市场信号无关,存在一个关键信号,当信号高于关键信号,第二阶段进行紧急订购,否则,不进行紧急订购;当期权价格高于临界值时,零售商不进行看涨期权购买,是否进行紧急订购以及紧急订购量与市场信号有关。

最后通过数值试验说明了市场信息准确性对第一阶段最优固定订购量的影响,当不购买看涨期权时,零售商第一阶段最优固定订购量随相关系数的增加而减少;当购买看涨期权时,零售商第一阶段最优总的订购量随相关系数的增加先增加后减少。

第 4 章
基于双向期权契约和 CVaR 准则的带有服务水平约束的供应链决策模型

4.1 引 言

随着科学技术的快速发展,产品更新换代不断加快,出现越来越多的创新型和创意型新产品,这类产品市场一般还处在介绍期,零售商面对的需求具有高度的不确定性,在如何订货的问题上存在矛盾的心理:既怕订货后产品几乎没有市场,又怕订货少不能满足顾客需求。目前,鲜有文章对此类产品的生产和订购问题进行研究,本章考虑零售商风险偏好和顾客满意度,采用双向期权形式进行订货,既能满足市场的弹性需求,又能提高市场占有率和顾客服务水平。

基于期权合同研究供应链决策问题的文献虽然很多,但是基于双向期权进行研究的不多,而且大多假设供应链决策者是风险中性的。例如,Zhao 等人[76]利用双向期权合同研究了两级供应链协调问题,在需求是一般分布情形下,给出了零售商最优初始固定订购量和期权订购量的封闭表达形式,分析了引入双向期权对固定订购策略的影响,并给出了双向期权合同协调两阶段供应链的条件。在 Zhao 等人[76]研究的基础上,Chen 等人[10]研究了具有服务水平约束的供应链决策模型,给出了零售商最优的订购策略和生产商最优的生产策略,分析了引入双向期权合同和顾客服务水平对供应链成员决策的影响,并证明考虑服务水平约束时引入双向期权合同可以使零售商和供应商都获益。

鲜有文献涉及期权合同且决策者是风险厌恶的供应链优化问题。Chen 等人[152]在利用看涨期权合同研究供应链协调时,发现在一定条件下风险厌恶零售商的最优订购量大于不考虑风险偏好时的最优订购量,且随期权价格和期权执行价格递减而随零售价格递增。他们还证明了期权合同可以协调两阶段供应链。Zhuo 等人[153]利用看涨期权合同研究了零售商是风险厌恶的供应链协调问题。研究结果表明风险偏好能减弱供应链性能,且期权合同并不总是可以协调供应链。当风险厌恶系数是公共信息时,他们证明了供应链成员分散决策存在唯一的均衡点;当风险厌恶系数是私有信息时,为了达到均衡,他们提出最小执行量的期权合同。Wu 等人[143]研究了基于期权合同的风险厌恶制造商的订购策略问题,给出了风险厌恶系数和最优订购量之间关系的封闭表达形式,并进一步分析了零售价格、期权价格和期权执行价格对其影响。以上三篇文献都是利用单向期权合同研究供应链问题,且文献[152]和文献[143]都是用损失规避函数描述风险厌恶的,文献[153]用均值-方差方法刻画风险厌恶。

本章在文献[10,76,143,152-153]基础上,用条件风险价值刻画风险厌恶,研究了基于双向期权合同的带有服务水平约束的供应链决策问题,并关注如下问题。

(1) 基于服务水平约束,零售商如何确定最优的订购策略,生产商如何确定最优的生产策略?

(2) 风险厌恶系数和合同参数对零售商最优订购策略有哪些影响?

(3) 双向期权和服务水平对零售商和生产商最优决策有哪些影响?

(4) 双向期权契约是如何协调基于 CVaR 准则的带有服务水平约束的供应链?

4.2 模型描述与假设

考虑一个带服务水平约束的单周期两阶段供应链模型。风险中性的生产商生产创新型高科技产品经风险厌恶的零售商销售给最终顾客,由于产品具有生产周期长而销售周期短的固有属性,一旦销售期开始,零售商没有再次订购机会。因此,生产商和零售商必须在销售期到来之前做决策。本章模型中常用符号见表 4-1。

表 4-1 本章模型中常用符号

符号	描述
q_1	固定订购量，$q_1 > 0$
q_2	期权购买量，$q_1 \geq q_2 > 0$
q	总的订购量，$q = q_1 + q_2$
Q	生产量，$Q \geq q_1$
w	固定订购的单位价格
o	购买期权的单位价格
e_1	执行期权的单位价格
p	单位销售价格
c	单位生产成本
v	单位残值价格
h	生产商单位缺货成本
α	零售商承诺的顾客服务水平，$0 < \alpha \leq 1$
X	市场随机需求，$X \geq 0$，$E[X] = \mu$ 和 $Var(X) = \sigma^2$
$f(x)$	X 的概率密度函数，$f(x) \geq 0$
$F(x)$	X 的累计分布函数，是单增、可微、非负和可逆的，$F(0) = 0$

模型的事件发展顺序描述如下：设 t_1，t_2，t_3 分别代表生产期开始时刻、销售期开始时刻和销售期结束时刻。t_1 时刻，零售商根据初始需求预测和服务水平约束限制，确定固定订购量 q_1，同时购买双向期权 q_2 调整固定订购量。为了提高顾客满意度，零售商在 t_3 时刻承诺顾客服务水平 α，即总的产品订购量满足顾客需求的概率不小于 α。在 t_1 到 t_2 时刻，即生产期，生产商根据产品需求预测和零售商订购量，确定生产量 Q。在 t_2 时刻，零售商收到固定订购量 q_1。在 t_2 到 t_3 时刻，即销售周期，零售商根据需求情况执行双向期权，若实现需求大于固定订购量，则执行看涨期权补货，否则，执行看跌期权退货。销售周期内，如果零售

商缺货，采用缺货不补的方式，不考虑缺货成本；如果生产商缺货，将招致单位缺货成本 h，可以理解为生产商紧急生产或从第三方获得单位额外产品的成本。t_3 时刻以后，任何剩余产品以残值 v 获得收益。为了更清晰地描述模型，现将事件发展顺序展示在图 4-1 中。

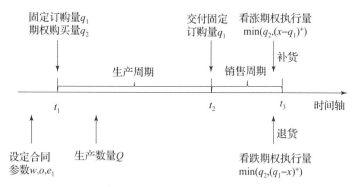

图 4-1　事件发生的顺序及各时间点的信息集合

假设生产商是风险中性的，以最大化期望收益为目标，零售商为风险厌恶的，以最大化其收益的条件风险价值为目标。此外，还假设所有信息对生产商和零售商是对称的。为了使研究的模型有意义，相关参数需要满足如下假设。

（1）$o+v<c<w<e_1+o<p$，保证生产商组织生产和零售商购买期权且购买看涨期权成本高于不购买期权的成本。

（2）$e_1-o<w$，避免零售商订购过多的双向期权。

（3）$o+v<e_1$ 和 $e_1+o<p$，保证零售商执行双向期权。

（4）$e_1-v<p-e_1$，避免零售商无谓地执行看跌期权而不满足市场需求。

（5）$c-v<p-c$，保证供应链的总收益大于总成本。

令 $x^+=\max\{x,0\}$，$x\wedge y=\min\{x,y\}$，$x\vee y=\max\{x,y\}$ 和 $1-F(\cdot)=\overline{F}(\cdot)$，用上标 * 表示最优情况。

4.3　不考虑双向期权合同的基础模型

首先，考虑不存在双向期权的基础模型，此模型为后文考虑双向期权提供一个基准模型。在此模型下，不存在供应和订购的柔性，假设零售商订购量是 q_0，

相应的零售商收益函数 $\pi_r(q_0)$ 是

$$\pi_r(x,q_0) = p(q_0 \wedge x) + v(q_0 - x)^+ - wq_0 \qquad (4-1)$$

相应的零售商收益的条件风险价值用 $\mathrm{CVaR}_\eta(\pi_r(q_0))$ 表示,表达式是

$$\mathrm{CVaR}_\eta(\pi_r(q_0)) = \max_{\xi \in R}\left\{\xi - \frac{1}{\eta}E[\xi - \pi_r(x,q_0)]^+\right\} \qquad (4-2)$$

其中 $\eta \in (0,1]$ 反映了零售商的风险厌恶程度,η 越小,说明零售商的风险厌恶程度越高。注意当 $\eta = 1$ 时,零售商收益的条件风险价值等于其期望收益值,说明零售商是风险中性的。

在满足顾客服务水平约束下,零售商的订购优化问题 P_0 表示如下:

$$P_0: \max \mathrm{CVaR}_\eta(\pi_r(q_0))$$

$$\mathrm{s.t.} \begin{cases} q_0 \geq 0 \\ P(q_0 \geq x) \geq \alpha \end{cases} \qquad (4-3)$$

从式 (4-3) 的约束条件 $P(q_0 \geq x) \geq \alpha$,可以推导出 $q_0 \geq F^{-1}(\alpha)$。令

$$q_0^\alpha = F^{-1}(\alpha) \qquad (4-4)$$

因为 $F^{-1}(\cdot)$ 是单调递增的函数,则 q_0^α 关于 α 也是单调递增的。

下面求无服务水平约束时优化问题 P_0 的最优解。令 $g(\xi, q_0) = \xi - \frac{1}{\eta}E[\xi - \pi_r(x,q_0)]^+$,由式 (4-2),$\mathrm{CVaR}_\eta(\pi_r(q_0)) = \max_{\xi \in R} g(\xi, q_0)$。显然:

$$g(\xi, q_0) = \xi - \frac{1}{\eta}\int_0^{q_0}[\xi + (w-v)q_0 - x(p-v)]^+ f(x)\mathrm{d}x$$

$$- \frac{1}{\eta}\int_{q_0}^\infty [\xi - (p-w)q_0]^+ f(x)\mathrm{d}x$$

下面分三种情况讨论。

情况 1. 当 $\xi \leq -(w-v)q_0$ 时,则 $g(\xi, q_0) = \xi$,可得 $\frac{\partial g(\xi, q_0)}{\partial \xi} = 1 > 0$。

情况 2. 当 $(p-w)q_0 < \xi$ 时,则 $g(\xi, q_0) = \xi - \frac{1}{\eta}\int_0^{q_0}[\xi + (w-v)q_0 - x(p-v)]f(x)\mathrm{d}x - \frac{1}{\eta}\int_{q_0}^\infty[\xi - (p-w)q_0]f(x)\mathrm{d}x$,可得 $\frac{\partial g(\xi, q_0)}{\partial \xi} = 1 - \frac{1}{\eta} < 0$。

情况 3. 当 $-(w-v)q_0 < \xi \leq (p-w)q_0$ 时，则 $g(\xi,q_0) = \xi - \frac{1}{\eta}\int_0^{\frac{\xi+(w-v)q_0}{p-v}}[\xi+(w-v)q_0-x(p-v)]f(x)\mathrm{d}x$。$\frac{\partial g(\xi,q_0)}{\partial \xi} = 1 - \frac{1}{\eta}F\left(\frac{\xi+(w-v)q_0}{p-v}\right)$，则 $\frac{\partial g(\xi,q_0)}{\partial \xi}\bigg|_{\xi=-(w-v)q_0} = 1 > 0$ 和 $\frac{\partial g(\xi,q_0)}{\partial \xi}\bigg|_{\xi=(p-w)q_0} = 1 - \frac{F(q_0)}{\eta}$。

令 $\xi^* = \arg\max_{\xi \in R} g(\xi,q_0)$，则 $\mathrm{CVaR}_\eta(\pi_r(q_0)) = g(\xi^*,q_0)$。因为 $g(\xi,q_0)$ 是关于 ξ 的凹函数，联合情况 1、2、3 可推出 $\xi^* \in (-(w-v)q_0, (p-w)q_0]$。若 $1 - \frac{F(q_0)}{\eta} < 0$，则 ξ^* 满足 $\frac{\partial g(\xi,q_0)}{\partial \xi} = 1 - \frac{1}{\eta}F\left(\frac{\xi+(w-v)q_0}{p-v}\right) = 0$，即 $\xi^* = F^{-1}(\eta)(p-v) - (w-v)q_0$，则 $g(\xi^*,q_0) = \xi^* - \frac{1}{\eta}\int_0^{\frac{\xi^*+(w-v)q_0}{p-v}}[\xi^*+(w-v)q_0-x(p-v)]f(x)\mathrm{d}x$。因为 $\frac{\partial g(\xi^*,q_0)}{\partial q_0} = -(w-v) < 0$，则 $1 - \frac{F(q_0)}{\eta} \geq 0$ 和 $\xi^* = (p-w)q_0$，可得

$$\begin{aligned}g(\xi^*,q_0) &= (p-w)q_0 - \frac{1}{\eta}\int_0^{q_0}[(p-v)q_0-x(p-v)]f(x)\mathrm{d}x \\ &= (p-w)q_0 - \frac{p-v}{\eta}\int_0^{q_0}F(x)\mathrm{d}x \\ &= \mathrm{CVaR}_\eta(\pi_r(x,q_0))\end{aligned} \quad (4-5)$$

因为

$$\frac{\mathrm{d}\,\mathrm{CVaR}_\eta(\pi_r(q_0))}{\mathrm{d}q_0} = p - w - \frac{p-v}{\eta}F(q_0) \quad (4-6)$$

和

$$\frac{\mathrm{d}^2\,\mathrm{CVaR}_\eta(\pi_r(q_0))}{\mathrm{d}q_0^2} = -\frac{p-v}{\eta}f(q_0) < 0$$

所以 $\mathrm{CVaR}_\eta(\pi_r(q_0))$ 是关于 q_0 的凹函数。令式 (4-6) 等于 0，可得无服务水平约束时优化问题 P_0 的最优解是

$$q_0^\beta = F^{-1}\left(\frac{p-w}{p-v}\eta\right) \quad (4-7)$$

令 $\beta = \frac{p-w}{p-v}$，则 β 是无服务水平约束时零售商能提供的最高服务水平。由

式（4-7），可得 $q_0^\beta = F^{-1}(\eta\beta)$。

联合式（4-4）和式（4-7），可得服务水平约束下，不考虑双向期权合同时零售商最优的订购策略如下。

命题 4-1：无双向期权合同下，当零售商承诺服务水平为 α 时，最优固定订购量 q_0^* 满足式（4-8）：

$$q_0^* = \begin{cases} q_0^\alpha, & \eta\beta < \alpha \\ q_0^\beta, & \eta\beta \geq \alpha \end{cases} \qquad (4-8)$$

由命题 4-1 可知，受风险厌恶程度和服务水平约束的影响，无双向期权合同下，零售商最优固定订购量是一个区间：当满足 $\eta\beta < \alpha$ 时，最优固定订购量不受风险厌恶程度 η 的影响，而随服务水平 α 的增加而增加；当满足 $\eta\beta \geq \alpha$ 时，最优固定订购量不受服务水平 α 的影响，而随风险厌恶程度 η 的增加而减少。

无双向期权合同下，零售商最优的条件风险价值是

$$\text{CVaR}_\eta(\pi_r(x, q_0^*)) = (p-w)q_0^* - \frac{p-v}{\eta}\int_0^{q_0^*} F(x)\,\mathrm{d}x \qquad (4-9)$$

命题 4-2 给出了零售商最优的条件风险价值与服务水平之间的关系。

命题 4-2：无双向期权合同下，零售商最优的条件风险价值 $\text{CVaR}_\eta(\pi_r(q_0^*))$ 是其承诺的服务水平 α 单调不增的函数。

证明 由命题 4-1，当 $\eta\beta \geq \alpha$ 时，$q_0^* = q_0^\beta$。由式（4-9）可知，$\text{CVaR}_\eta(\pi_r(q_0^*)) = (p-w)q_0^\beta - \frac{p-v}{\eta}\int_0^{q_0^\beta} F(x)\,\mathrm{d}x$，显然此时 $\text{CVaR}_\eta(\pi_r(q_0^*))$ 随 α 的变化而保持不变。当 $\eta\beta < \alpha$ 时，$q_0^* = q_0^\alpha$，此时根据式（4-9），$\text{CVaR}_\eta(\pi_r(q_0^*)) = (p-w)q_0^\alpha - \frac{p-v}{\eta}\int_0^{q_0^\alpha} F(x)\,\mathrm{d}x$。

$$\frac{\mathrm{d}\,\text{CVaR}_\eta(\pi_r(q_0^*))}{\mathrm{d}\alpha} = \frac{\mathrm{d}\,\text{CVaR}_\eta(\pi_r(q_0^*))}{\mathrm{d}q_0^\alpha} \frac{\mathrm{d}q_0^\alpha}{\mathrm{d}\alpha}$$

$$= \left[(p-w) - \frac{p-v}{\eta}F(q_0^\alpha)\right]\frac{\mathrm{d}q_0^\alpha}{\mathrm{d}\alpha}$$

$$= \frac{p-v}{\eta}\left[\frac{p-w}{p-v}\eta - F(q_0^\alpha)\right]\frac{\mathrm{d}q_0^\alpha}{\mathrm{d}\alpha}$$

$$= \frac{p-v}{\eta}[F(q_0^\beta) - F(q_0^\alpha)]\frac{\mathrm{d}q_0^\alpha}{\mathrm{d}\alpha}$$

因为 $q_0^\beta < q_0^\alpha$，显然 $F(q_0^\beta) < F(q_0^\alpha)$。又因为 q_0^α 关于 α 是严格单调递增的函数，则 $\frac{p-v}{\eta}[F(q_0^\beta) - F(q_0^\alpha)]\frac{\mathrm{d}q_0^\alpha}{\mathrm{d}\alpha} < 0$，即 $\frac{\mathrm{d}\,\mathrm{CVaR}_\eta(\pi_r(q_0^*))}{\mathrm{d}\alpha} < 0$。显然当 $\eta\beta < \alpha$ 时，$\mathrm{CVaR}_\eta(\pi_r(q_0^*))$ 随 α 的增加而减少。综上所述，无双向期权合同下，零售商最优的条件风险价值 $\mathrm{CVaR}_\eta(\pi_r(q_0^*))$ 是其服务水平 α 单调不增的函数。

当 $\eta = 1$ 时，零售商是风险中性的，此时零售商收益的条件风险价值等于其期望收益。根据命题 4-2，可得零售商最优的期望收益 $\mathrm{E}[\pi_r(q_0^*)]$ 也是其承诺的服务水平 α 单调不增的函数。

在无双向期权合同模型下，不存在供应和订购的柔性，此时生产商最优的生产数量 Q_0^* 满足 $Q_0^* = q_0^*$。生产商最优的期望收益 $\mathrm{E}[\pi_s(Q_0^*)]$ 为

$$\mathrm{E}[\pi_s(Q_0^*)] = (w-c)Q_0^* = (w-c)q_0^* \qquad (4-10)$$

无双向期权合同下，生产商最优的期望收益与服务水平有如下关系。

命题 4-3：无双向期权合同下，生产商最优的期望收益 $\mathrm{E}[\pi_s(Q_0^*)]$ 是服务水平 α 单调不减的函数。

证明 由命题 4-1，当 $\eta\beta \geq \alpha$ 时，$Q_0^* = q_0^* = q_0^\beta$。由式 (4-10) 可知，$\mathrm{E}[\pi_s(Q_0^*)] = (w-c)Q_0^* = (w-c)q_0^\beta$，显然此时 $\mathrm{E}[\pi_s(Q_0^*)]$ 随 α 的变化而保持不变。当 $\eta\beta < \alpha$ 时，$Q_0^* = q_0^* = q_0^\alpha$，此时根据式 (4-10)，$\mathrm{E}[\pi_s(Q_0^*)] = (w-c)Q_0^* = (w-c)q_0^\alpha$。

$$\frac{\mathrm{d}\,\mathrm{E}[\pi_s(Q_0^*)]}{\mathrm{d}\alpha} = \frac{\mathrm{d}\,\mathrm{E}[\pi_s(Q_0^*)]}{\mathrm{d}q_0^\alpha}\frac{\mathrm{d}q_0^\alpha}{\mathrm{d}\alpha} = (w-c)\frac{\mathrm{d}q_0^\alpha}{\mathrm{d}\alpha}$$

因为 q_0^α 关于 α 是严格单调递增的函数，则 $(w-c)\frac{\mathrm{d}q_0^\alpha}{\mathrm{d}\alpha} > 0$，即 $\frac{\mathrm{d}\,\mathrm{E}[\pi_s(Q_0^*)]}{\mathrm{d}\alpha} > 0$。显然当 $\eta\beta < \alpha$ 时，$\mathrm{CVaR}_\eta(\pi_r(x,q_0^*))$ 随 α 的增加而增加。综上所述，无双向期权合同下，生产商最优的期望收益 $\mathrm{E}[\pi_s(Q_0^*)]$ 是服务水平 α 单调不减的函数。

下面用图 4-2 对命题 4-2 和命题 4-3 进行更直观的描述。

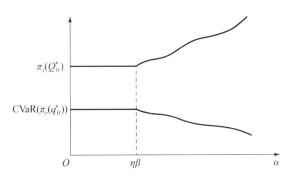

图 4-2　不同的服务水平约束下零售商最优的条件风险价值和生产商最优的期望收益

从图 4-2 可以直观地看出，当 $\eta\beta \geqslant \alpha$ 时，服务水平约束不起作用，此时零售商最优的条件风险价值和生产商最优的期望收益不随 α 变化。当 $\eta\beta < \alpha$ 时，服务水平限制起约束作用，此时零售商最优的订购量关于 α 是单调递增的函数，因此，生产商最优的期望收益关于 α 单调递增而零售商最优的条件风险价值关于 α 单调递减。根据图 4-2，$\eta\beta$ 是无双向期权合同和服务水平约束下风险厌恶零售商最高的服务水平。显然，无双向期权合同和服务水平约束下，零售商最高的服务水平随风险厌恶程度的增加而升高，当 $\eta = 1$ 时，风险中性零售商最高的服务水平是 β。

4.4　考虑双向期权合同的扩展模型

本节在 4.3 节研究不考虑双向期权的基础上，进一步考虑引入双向期权合同的扩展模型。本节主要研究了考虑引入双向期权合同和服务水平约束时，风险厌恶零售商的订购决策和风险中性生产商的生产决策。

4.4.1　风险厌恶零售商的订购决策

引入双向期权合同下，零售商既固定订购产品又购买双向期权。此时，零售商有两个决策变量：①固定订购量 q_1；②双向期权购买量 q_2。在销售周期开始时，零售商通过固定订购获得产品。在销售周期期间，零售商根据实际需求执行期权，当实际需求大于 q_1 时，执行看涨期权补货；当实际需求小于 q_1 时，执行看跌期权退货；当实际需求等于 q_1 时，则不执行期权。

引入双向期权合同下，零售商的收益函数 $\pi_r(x,q_1,q_2)$ 是

$$\pi_r(x,q_1,q_2) = p((q_1+q_2) \wedge x) + v(q_1-q_2-x)^+ + e_1(q_2 \wedge (q_1-x)^+) \\ - e_1(q_2 \wedge (x-q_1)^+) - wq_1 - oq_2$$

(4-11)

式（4-11）右端前三项分别是销售收益、残值和执行看跌期权退货收益；后三项分别是执行看涨期权执行成本、批发订货成本和期权购买成本。

式（4-11）可以转化为如下形式：

$$\pi_r(x,q_1,q_2) = \begin{cases} (p-v)x + (v-w)q_1 + (e_1-o-v)q_2, & 0 \leqslant x \leqslant q_1-q_2 \\ (p-e_1)x + (e_1-w)q_1 - oq_2, & q_1-q_2 < x \leqslant q_1 \\ (p-e_1)x + (e_1-w)q_1 - oq_2, & q_1 < x \leqslant q_1+q_2 \\ (p-w)q_1 + (p-e_1-o)q_2, & x > q_1+q_2 \end{cases}$$

(4-12)

零售商收益的条件风险价值用 $\text{CVaR}_\eta(\pi_r(q_1,q_2))$ 表示，表达式是

$$\text{CVaR}_\eta(\pi_r(q_1,q_2)) = \max_{\xi \in R} \left\{ \xi - \frac{1}{\eta} E[\xi - \pi_r(x,q_1,q_2)]^+ \right\}$$ (4-13)

在满足顾客服务水平约束下，零售商的订购优化问题 P 表示如下：

$$\text{P: } \max \text{CVaR}_\eta(\pi_r(q_1,q_2))$$

$$\text{s.t.} \begin{cases} q_1 \geqslant q_2 \\ q_2 > 0 \\ P(q_1+q_2 \geqslant x) \geqslant \alpha \end{cases}$$ (4-14)

从式（4-14）的约束条件 $P(q_1+q_2 \geqslant x) \geqslant \alpha$，可以推导出 $q = q_1+q_2 \geqslant F^{-1}(\alpha)$。令

$$q^\alpha = F^{-1}(\alpha)$$ (4-15)

显然 q^α 关于 α 是单调递增的函数。

下面确定无约束优化问题 P 的最优解。令 $g(\xi,q_1,q_2) = \xi - \frac{1}{\eta}E[\xi -$

$\pi_r(X, q_1, q_2)]^+$,由式(4-13),$\mathrm{CVaR}_\eta(\pi_r(q_1, q_2)) = \max\limits_{\xi \in R} g(\xi, q_1, q_2)$。由式(4-12):

$$g(\xi, q_1, q_2) = \xi - \frac{1}{\eta} \int_0^{q_1-q_2} [\xi - (v-w)q_1 - (e_1 - o - v)q_2 - x(p-v)]^+ f(x) \mathrm{d}x$$

$$- \frac{1}{\eta} \int_{q_1-q_2}^{q_1} [\xi - (e_1 - w)q_1 + oq_2 - x(p-e_1)]^+ f(x) \mathrm{d}x$$

$$- \frac{1}{\eta} \int_{q_1}^{q_1+q_2} [\xi - (e_1 - w)q_1 + oq_2 - x(p-e_1)]^+ f(x) \mathrm{d}x$$

$$- \frac{1}{\eta} \int_{q_1+q_2}^{\infty} [\xi - (p-w)q_1 - (p-e_1-o)q_2]^+ f(x) \mathrm{d}x$$

下面分五种情况讨论。

情况1. 当 $\xi \leq (v-w)q_1 + (e_1 - o - v)q_2$ 时,则 $g(\xi, q_1, q_2) = \xi$,即 $\frac{\partial g(\xi, q_1, q_2)}{\partial \xi} = 1 > 0$。

情况2. 当 $(v-w)q_1 + (e_1 - o - v)q_2 < \xi \leq (p-w)q_1 + (e_1 - o - p)q_2$ 时,则 $g(\xi, q_1, q_2) = \xi - \frac{1}{\eta} \int_0^{\frac{\xi-(v-w)q_1-(e_1-o-v)q_2}{p-v}} [\xi - (v-w)q_1 - (e_1 - o - v)q_2 - x(p-v)] f(x) \mathrm{d}x$,可得 $\frac{\partial g(\xi, q_1, q_2)}{\partial \xi} = 1 - \frac{1}{\eta} F\left(\frac{\xi - (v-w)q_1 - (e_1 - o - v)q_2}{p-v}\right)$。因为 $\frac{\partial g(\xi, q_1, q_2)}{\partial \xi}\bigg|_{\xi=(v-w)q_1+(e_1-o-v)q_2} = 1 > 0$ 和 $\frac{\partial g(\xi, q_1, q_2)}{\partial \xi}\bigg|_{\xi=(p-w)q_1+(e_1-o-p)q_2} = 1 - \frac{1}{\eta} F(q_1 - q_2)$。若 $1 - \frac{1}{\eta} F(q_1 - q_2) \leq 0$,令 $\frac{\partial g(\xi, q_1, q_2)}{\partial \xi} = 0$,可得 $\xi^1(q_1, q_2) = (v-w)q_1 + (e_1 - o - v)q_2 + (p-v)F^{-1}(\eta)$,则 $g(\xi^1(q_1, q_2), q_1, q_2) = (v-w)q_1 + (e_1 - o - v)q_2 + (p-v)F^{-1}(\eta) - \frac{1}{\eta} \int_0^{F^{-1}(\eta)} [F^{-1}(\eta) - x(p-v)] f(x) \mathrm{d}x$。因为 $\frac{\partial g(\xi^1(q_1, q_2), q_1, q_2)}{\partial q_1} = v - w < 0$ 和 $\frac{\partial g(\xi^1(q_1, q_2), q_1, q_2)}{\partial q_2} = e_1 - o - v < 0$,可得 $\xi^1(q_1, q_2)$ 不是 $\max\limits_{\xi \in R} g(\xi, q_1, q_2)$ 的最优解。因此,$\frac{\partial g(\xi^1(q_1, q_2), q_1, q_2)}{\partial \xi}\bigg|_{\xi=(p-w)q_1+(e_1-o-p)q_2} = 1 - \frac{1}{\eta} F(q_1 - q_2) > 0$。

情况3. 当 $(p-w)q_1+(e_1-o-p)q_2<\xi\leqslant(p-w)q_1-oq_2$ 时，则 $g(\xi,q_1,q_2)=\xi-\frac{1}{\eta}\int_0^{q_1-q_2}[\xi-(v-w)q_1-(e_1-o-v)q_2-x(p-v)]f(x)\mathrm{d}x-\frac{1}{\eta}\int_{q_1-q_2}^{\frac{\xi-(e_1-w)q_1+oq_2}{p-e_1}}[\xi-(e_1-w)q_1+oq_2-x(p-e_1)]f(x)\mathrm{d}x$，可得 $\frac{\partial g(\xi,q_1,q_2)}{\partial\xi}=1-\frac{1}{\eta}F\left(\frac{\xi-(e_1-w)q_1+oq_2}{p-e_1}\right)$。因为 $\frac{\partial g(\xi,q_1,q_2)}{\partial\xi}\bigg|_{\xi=(p-w)q_1+(e_1-o-p)q_2}=1-\frac{1}{\eta}F(q_1-q_2)>0$ 和 $\frac{\partial g(\xi,q_1,q_2)}{\partial\xi}\bigg|_{\xi=(p-w)q_1-oq_2}=1-\frac{1}{\eta}F(q_1)$。若 $1-\frac{1}{\eta}F(q_1)\leqslant0$，设 $\xi^2(q_1,q_2)$ 是方程 $\frac{\partial g(\xi,q_1,q_2)}{\partial\xi}=0$ 的解，可得 $\xi^2(q_1,q_2)=(e_1-w)q_1-oq_2+(p-e_1)F^{-1}(\eta)$，则 $g(\xi^2(q_1,q_2),q_1,q_2)=(e_1-w)q_1-oq_2+(p-e_1)F^{-1}(\eta)-\frac{1}{\eta}\int_0^{q_1-q_2}[(p-e_1)F^{-1}(\eta)+(e_1-v)(q_1-q_2)-x(p-v)]f(x)\mathrm{d}x-\frac{1}{\eta}\int_{q_1-q_2}^{F^{-1}(\eta)}[(F^{-1}(\eta)-x)(p-e_1)]f(x)\mathrm{d}x$。因为 $\frac{\partial g(\xi^2(q_1,q_2),q_1,q_2)}{\partial q_1}=e_1-w<0$ 和 $\frac{\partial g(\xi^2(q_1,q_2),q_1,q_2)}{\partial q_2}=-o<0$，可得 $\xi^2(q_1,q_2)$ 不是 $\max_{\xi\in R}g(\xi,q_1,q_2)$ 的最优解。因此，$\frac{\partial g(\xi^2(q_1,q_2),q_1,q_2)}{\partial\xi}\bigg|_{\xi=(p-w)q_1-oq_2}=1-\frac{1}{\eta}F(q_1)>0$。

情况4. 当 $(p-w)q_1+(p-o-e_1)q_2<\xi$ 时，则 $g(\xi,q_1,q_2)=\xi-\frac{1}{\eta}\int_0^{q_1-q_2}[\xi-(v-w)q_1-(e_1-o-v)q_2-x(p-v)]f(x)\mathrm{d}x-\frac{1}{\eta}\int_{q_1-q_2}^{q_1}[\xi-(e_1-w)q_1+oq_2-x(p-e_1)]f(x)\mathrm{d}x-\frac{1}{\eta}\int_{q_1}^{q_1+q_2}[\xi-(e_1-w)q_1+oq_2-x(p-e_1)]f(x)\mathrm{d}x-\frac{1}{\eta}\int_{q_1+q_2}^{\infty}[\xi-(p-w)q_1-(p-e_1-o)q_2]f(x)\mathrm{d}x$，可得 $\frac{\partial g(\xi,q_1,q_2)}{\partial\xi}=1-\frac{1}{\eta}F(q_1-q_2)-\frac{1}{\eta}[F(q_1)-F(q_1-q_2)]-\frac{1}{\eta}[F(q_1+q_2)-F(q_1)]-\frac{1}{\eta}[1-F(q_1+q_2)]=1-\frac{1}{\eta}<0$。

情况5. 当 $(p-w)q_1-oq_2<\xi\leqslant(p-w)q_1+(p-o-e_1)q_2$ 时，则 $g(\xi,q_1,q_2)=$

$\xi - \frac{1}{\eta}\int_0^{q_1-q_2}[\xi-(v-w)q_1-(e_1-o-v)q_2-x(p-v)]f(x)\mathrm{d}x - \frac{1}{\eta}\int_{q_1-q_2}^{q_1}[\xi-(e_1-w)q_1+oq_2-x(p-e_1)]f(x)\mathrm{d}x - \frac{1}{\eta}\int_{q_1}^{\frac{\xi-(e_1-w)q_1+oq_2}{p-e_1}}[\xi-(e_1-w)q_1+oq_2-x(p-e_1)]f(x)\mathrm{d}x$，可得 $\frac{\partial g(\xi,q_1,q_2)}{\partial \xi} = 1 - \frac{1}{\eta}F(q_1-q_2) - \frac{1}{\eta}[F(q_1)-F(q_1-q_2)] - \frac{1}{\eta}\left[F\left(\frac{\xi-(e_1-w)q_1+oq_2}{p-e_1}\right)-\frac{1}{\eta}F(q_1)\right] = 1 - \frac{1}{\eta}F(q_1) - \frac{1}{\eta}\left[F\left(\frac{\xi-(e_1-w)q_1+oq_2}{p-e_1}\right)-\frac{1}{\eta}F(q_1)\right] = 1 - \frac{1}{\eta}F\left(\frac{\xi-(e_1-w)q_1+oq_2}{p-e_1}\right)$。因为 $\left.\frac{\partial g(\xi,q_1,q_2)}{\partial \xi}\right|_{\xi=(p-w)q_1-oq_2} = 1 - \frac{1}{\eta}F(q_1) > 0$，$\left.\frac{\partial g(\xi,q_1,q_2)}{\partial \xi}\right|_{\xi=(p-w)q_1+(p-o-e_1)q_2} = 1 - \frac{1}{\eta}F(q_1+q_2)$。若 $\left.\frac{\partial g(\xi,q_1,q_2)}{\partial \xi}\right|_{\xi=(p-w)q_1+(p-o-e_1)q_2} = 1 - \frac{1}{\eta}F(q_1+q_2) \leq 0$，设 $\xi^3(q_1,q_2)$ 是方程 $\frac{\partial g(\xi,q_1,q_2)}{\partial \xi} = 0$ 的解，可得 $\xi^3(q_1,q_2) = (e_1-w)q_1-oq_2+(p-e_1)F^{-1}(\eta)$，则 $g(\xi^3(q_1,q_2),q_1,q_2) = (e_1-w)q_1-oq_2+(p-e_1)F^{-1}(\eta) - \frac{1}{\eta}\int_0^{q_1-q_2}[(p-e_1)F^{-1}(\eta)+(e_1-v)(q_1-q_2)-x(p-v)]f(x)\mathrm{d}x - \frac{1}{\eta}\int_{q_1-q_2}^{q_1}[(e_1-e_1)q_1+(p-e_1)F^{-1}(\eta)-x(p-e_1)]f(x)\mathrm{d}x - \frac{1}{\eta}\int_{q_1}^{F^{-1}(\eta)}[(F^{-1}(\eta)-x)(p-e_1)]f(x)\mathrm{d}x$。因为 $\frac{\partial g(\xi^3(q_1,q_2),q_1,q_2)}{\partial q_1} = e_1 - w < 0$ 和 $\frac{\partial g(\xi^3(q_1,q_2),q_1,q_2)}{\partial q_2} = -o < 0$，可得 $\xi^3(q_1,q_2)$ 不是 $\max_{\xi \in R} g(\xi,q_1,q_2)$ 的最优解。因此，$\left.\frac{\partial g(\xi,q_1,q_2)}{\partial \xi}\right|_{\xi=(p-w)q_1+(p-o-e_1)q_2} = 1 - \frac{1}{\eta}F(q_1+q_2) > 0$。根据情况 4，当 $(p-w)q_1-oq_2 < \xi \leq (p-w)q_1+(p-o-e_1)q_2$ 时，$\frac{\partial g(\xi,q_1,q_2)}{\partial \xi} < 0$，则可得

$$\xi^*(q_1,q_2) = \arg\max_{\xi \in R} g(\xi,q_1,q_2) = (p-w)q_1+(p-o-e_1)q_2 \quad (4-16)$$

由式 (4-13) 和式 (4-16)，可得

$$\begin{aligned}
\text{CVaR}_\eta(\pi_r(q_1,q_2)) &= g(\xi^*(q_1,q_2),q_1,q_2)\\
&= (p-w)q_1 + (p-o-e_1)q_2\\
&\quad - \frac{1}{\eta}\int_{q_1}^{q_1+q_2}[(p-e_1)(q_1+q_2-x)]f(x)\mathrm{d}x\\
&\quad - \frac{1}{\eta}\int_{q_1-q_2}^{q_1}[(p-e_1)(q_1-x)+(p-e_1)q_2]f(x)\mathrm{d}x\\
&\quad - \frac{1}{\eta}\int_0^{q_1-q_2}[(p-v)q_1+(p-2e_1+v)q_2-x(p-v)]f(x)\mathrm{d}x
\end{aligned}$$

(4-17)

在确定无约束优化问题 P 的最优解之前,先给出其目标函数 $\text{CVaR}_\eta(\pi_r(q_1, q_2))$ 的性质。

命题 4-4:引入双向期权合同下,零售商收益的条件风险价值 $\text{CVaR}_\eta(\pi_r(q_1,q_2))$ 关于 q_1 和 q_2 是联合的凹函数。

证明 根据式 (4-17),$\text{CVaR}_\eta(\pi_r(q_1,q_2))$ 关于 q_1 和 q_2 的一阶偏导数和二阶偏导数分别为

$$\frac{\partial \text{CVaR}_\eta(\pi_r(q_1,q_2))}{\partial q_1} = p-w-\frac{1}{\eta}[(p-e_1)F(q_1+q_2)-(v-e_1)F(q_1-q_2)]$$

(4-18)

$$\frac{\partial \text{CVaR}_\eta(\pi_r(q_1,q_2))}{\partial q_2} = p-o-e_1-\frac{1}{\eta}[(p-e_1)F(q_1+q_2)+(v-e_1)F(q_1-q_2)]$$

(4-19)

和

$$\frac{\partial^2 \text{CVaR}_\eta(\pi_r(q_1,q_2))}{\partial q_1^2} = -\frac{1}{\eta}[(p-e_1)f(q_1+q_2)+(e_1-v)f(q_1-q_2)] < 0$$

$$\frac{\partial^2 \text{CVaR}_\eta(\pi_r(q_1,q_2))}{\partial q_2^2} = -\frac{1}{\eta}[(p-e_1)f(q_1+q_2)+(e_1-v)f(q_1-q_2)] < 0$$

$\dfrac{\partial \text{CVaR}_\eta(\pi_r(q_1,q_2))}{\partial q_1}$ 关于 q_2 的一阶偏导数和 $\dfrac{\partial \text{CVaR}_\eta(\pi_r(q_1,q_2))}{\partial q_2}$ 关于 q_1 的一阶偏导数分别为

$$\frac{\partial^2 \text{CVaR}_\eta(\pi_r(q_1,q_2))}{\partial q_1 \partial q_2} = -\frac{1}{\eta}\left[(p-e_1)f(q_1+q_2) + (v-e_1)f(q_1-q_2)\right]$$

$$\frac{\partial^2 \text{CVaR}_\eta(\pi_r(q_1,q_2))}{\partial q_2 \partial q_1} = -\frac{1}{\eta}\left[(p-e_1)f(q_1+q_2) + (v-e_1)f(q_1-q_2)\right]$$

$$= \frac{\partial^2 \text{CVaR}_\eta(\pi_r(q_1,q_2))}{\partial q_2 \partial q_1}$$

$E[\pi(q_1,q_2)]$ 的 Hessian 矩阵为

$$\begin{bmatrix} \dfrac{\partial^2 \text{CVaR}_\eta(\pi_r(q_1,q_2))}{\partial q_1^2} & \dfrac{\partial^2 \text{CVaR}_\eta(\pi_r(q_1,q_2))}{\partial q_1 \partial q_2} \\ \dfrac{\partial^2 \text{CVaR}_\eta(\pi_r(q_1,q_2))}{\partial q_2 \partial q_1} & \dfrac{\partial^2 \text{CVaR}_\eta(\pi_r(q_1,q_2))}{\partial q_2^2} \end{bmatrix}$$

因为

$$\frac{\partial^2 \text{CVaR}_\eta(\pi_r(q_1,q_2))}{\partial q_1 \partial q_2} \frac{\partial^2 \text{CVaR}_\eta(\pi_r(q_1,q_2))}{\partial q_2 \partial q_1} = \frac{1}{\eta^2}\left[(p-e_1)f(q_1+q_2) + (v-e_1)f(q_1-q_2)\right]^2$$

和

$$\frac{\partial^2 \text{CVaR}_\eta(\pi_r(q_1,q_2))}{\partial q_1^2} \frac{\partial^2 \text{CVaR}_\eta(\pi_r(q_1,q_2))}{\partial q_2^2} = \frac{1}{\eta^2}\left[(p-e_1)f(q_1+q_2) + (e_1-v)f(q_1-q_2)\right]^2$$

则可推出

$$\frac{\partial^2 \text{CVaR}_\eta(\pi_r(q_1,q_2))}{\partial q_1^2} \frac{\partial^2 \text{CVaR}_\eta(\pi_r(q_1,q_2))}{\partial q_2^2} - \frac{\partial^2 \text{CVaR}_\eta(\pi_r(q_1,q_2))}{\partial q_1 \partial q_2} \frac{\partial^2 \text{CVaR}_\eta(\pi_r(q_1,q_2))}{\partial q_2 \partial q_1}$$

$$= \frac{4}{\eta^2}(p-e_1)(e_1-v)f(q_1+q_2)f(q_1-q_2) > 0$$

又因为 $\dfrac{\partial^2 \text{CVaR}_\eta(\pi_r(q_1,q_2))}{\partial q_1^2} < 0$ 和 $\dfrac{\partial^2 \text{CVaR}_\eta(\pi_r(q_1,q_2))}{\partial q_2^2} < 0$，这说明 $\text{CVaR}_\eta(\pi_r(q_1,q_2))$ 的 Hessian 矩阵为严格负定的，则 $\text{CVaR}_\eta(\pi_r(q_1,q_2))$ 关于 q_1 和 q_2 是联合的凹函数。

令 $\dfrac{\partial \text{CVaR}_\eta(\pi_r(q_1,q_2))}{\partial q_1} = \dfrac{\partial \text{CVaR}_\eta(\pi_r(q_1,q_2))}{\partial q_2} = 0$，由式（4-18）和式（4-19），可推出

$$F(q_1+q_2) = \frac{(2p-w-o-e_1)\eta}{2(p-e_1)} \tag{4-20}$$

$$F(q_1 - q_2) = \frac{(o + e_1 - w)\eta}{2(e_1 - v)} \qquad (4-21)$$

令 $\gamma = \frac{(2p - w - o - e_1)}{2(p - e_1)}$，则 γ 是无服务水平约束时零售商能提供的最高服务水平。由式（4-20），可得

$$q^\gamma = F^{-1}\left(\frac{(2p - w - o - e_1)\eta}{2(p - e_1)}\right) = F^{-1}(\eta\gamma) \qquad (4-22)$$

由式（4-20）和式（4-21），可得无约束优化问题 P 的最优解如下：

$$q_1^\gamma = \frac{1}{2}\left[F^{-1}\left(\frac{(2p - w - o - e_1)\eta}{2(p - e_1)}\right) + F^{-1}\left(\frac{(o + e_1 - w)\eta}{2(e_1 - v)}\right)\right] \qquad (4-23)$$

$$q_2^\gamma = \frac{1}{2}\left[F^{-1}\left(\frac{(2p - w - o - e_1)\eta}{2(p - e_1)}\right) - F^{-1}\left(\frac{(o + e_1 - w)\eta}{2(e_1 - v)}\right)\right] \qquad (4-24)$$

注意 $q_2^\gamma > 0$ 等价于 $o < \frac{(2p - w - e_1)(e_1 - v) + (e_1 - w)(p - e_1)}{p - v}$，表明期权的购买价格不应过高，否则零售商不会购买双向期权。事实上，当 $o \geqslant \frac{(2p - w - e_1)(e_1 - v) + (e_1 - w)(p - e_1)}{p - v}$ 时，$q_2^\gamma = 0$，上述问题简化为无双向期权合同的基础模型，在 4.3 节已经研究。本章我们假设 $o < \frac{(2p - w - e_1)(e_1 - v) + (e_1 - w)(p - e_1)}{p - v}$ 恒成立。

根据式（4-15）、式（4-22）、式（4-23）和式（4-24），可推出引入双向期权合同下，带服务水平约束的零售商最优订购策略如下。

命题 4-5：引入双向期权合同下，带服务水平约束的零售商最优总的订购量满足式（4-25）：

$$q^* = \begin{cases} q^\alpha, & \eta\gamma < \alpha \\ q^\gamma, & \eta\gamma \geqslant \alpha \end{cases} \qquad (4-25)$$

此时零售商最优的期权购买量是

$$q_2^* = q^* - q_1^\gamma$$

根据命题 4-5 可知，受风险厌恶程度和服务水平约束的影响，引入双向期权合同下，零售商最优总的订购量和期权购买量都是一个区间：当满足 $\eta\gamma < \alpha$

时,最优总的订购量和期权购买量都受服务水平约束的影响,都随服务水平 α 的增加而增加,但最优总的订购量不受风险厌恶程度 η 的影响;当满足 $\eta\gamma \geqslant \alpha$ 时,最优总的订购量和期权购买量都不受服务水平约束的影响,但受风险厌恶程度的影响。

根据命题4-5,可推出推论4-1。

推论4-1:引入双向期权合同下,风险厌恶程度对零售商最优的订购策略的影响如下。

(1) 当 $\eta \leqslant \dfrac{\alpha}{\gamma}$ 时,$\dfrac{\mathrm{d}q^*}{\mathrm{d}\eta} = 0$;当 $\eta > \dfrac{\alpha}{\gamma}$ 时,$\dfrac{\mathrm{d}q^*}{\mathrm{d}\eta} > 0$。

(2) 当 $\eta \leqslant \dfrac{\alpha}{\gamma}$ 时,$\dfrac{\mathrm{d}q_2^*}{\mathrm{d}\eta} < 0$;当 $\eta > \dfrac{\alpha}{\gamma}$ 时,q_2^* 与 η 的关系与 $N(\eta)$ 有关,若 $N(\eta) > 0$,$\dfrac{\mathrm{d}q_2^*}{\mathrm{d}\eta} > 0$,若 $N(\eta) = 0$,$\dfrac{\mathrm{d}q_2^*}{\mathrm{d}\eta} = 0$,否则,$\dfrac{\mathrm{d}q_2^*}{\mathrm{d}\eta} < 0$,其中 $N(\eta) = (e_1 - v)(2p - w - o - e_1)f(F^{-1}(B)) - (p - e_1)(o + e_1 - w)f(F^{-1}(A))$,$A = \dfrac{(2p - w - o - e_1)\eta}{2(p - e_1)}$,$B = \dfrac{(o + e_1 - w)\eta}{2(e_1 - v)}$。

证明 (1) 由命题4-5,当 $\eta \leqslant \dfrac{\alpha}{\gamma}$ 时,$q^* = q^\alpha$,显然 q^α 与 η 无关,即 $\dfrac{\mathrm{d}q^*}{\mathrm{d}\eta} = 0$;当 $\eta > \dfrac{\alpha}{\gamma}$ 时,$q^* = q^\gamma$,根据式(4-22),容易推出 $\dfrac{\mathrm{d}q^*}{\mathrm{d}\eta} > 0$。

(2) 由命题4-5,当 $\eta \leqslant \dfrac{\alpha}{\gamma}$ 时,$q_2^* = q^\alpha - q_1^\gamma$,根据式(4-23),容易推出 $\dfrac{\mathrm{d}q^*}{\mathrm{d}\eta} < 0$;当 $\eta > \dfrac{\alpha}{\gamma}$ 时,$q_2^* = q^\gamma - q_1^\gamma = \dfrac{1}{2}[F^{-1}(A) - F^{-1}(B)]$,

$$\dfrac{\mathrm{d}q_2^*}{\mathrm{d}\eta} = \dfrac{(2p - o - w - e_1)}{2(p - e_1)f(F^{-1}(A))} - \dfrac{(o + e_1 - w)}{2(e_1 - v)f(F^{-1}(B))}$$

$$= \dfrac{(e_1 - v)(2p - w - o - e_1)f(F^{-1}(B)) - (p - e_1)(o + e_1 - w)f(F^{-1}(A))}{2(p - e_1)(e_1 - v)f(F^{-1}(A))f(F^{-1}(B))}$$

$$= \dfrac{N(\eta)}{2(p - e_1)(e_1 - v)f(F^{-1}(A))f(F^{-1}(B))}$$,即若 $N(\eta) > 0$,$\dfrac{\mathrm{d}q_2^*}{\mathrm{d}\eta} > 0$,若 $N(\eta) = 0$,$\dfrac{\mathrm{d}q_2^*}{\mathrm{d}\eta} = 0$,否则,$\dfrac{\mathrm{d}q_2^*}{\mathrm{d}\eta} < 0$。

由命题 4-5 和式 (4-17),可推出零售商最优的条件风险价值为

$$\mathrm{CVaR}_\eta(\pi_r(q_1^\gamma, q_2^*)) = (p-w)q_1^\gamma + (p-o-e_1)q_2^*$$

$$- \frac{1}{\eta}\int_{q_1^\gamma - q_2^*}^{q_1^\gamma + q_2^*}[(p-e_1)(q_1^\gamma + q_2^* - x)]f(x)\mathrm{d}x$$

$$- \frac{1}{\eta}\int_0^{q_1^\gamma - q_2^*}[(p-v)(q_1^\gamma + q_2^* - x) + 2(v-e_1)q_2^*]f(x)\mathrm{d}x$$

(4-26)

命题 4-6 给出了固定订购的单位价格 w 对零售商最优的条件风险价值 $\mathrm{CVaR}_\eta(\pi_r(q_1^\gamma, q_2^*))$ 的影响。

命题 4-6:引入双向期权合同下,带服务水平约束的零售商最优总的条件风险价值 $\mathrm{CVaR}_\eta(\pi_r(q_1^\gamma, q_2^*))$ 关于固定订购的单位价格 w 是严格单调递减的函数。

证明 根据命题 4-5,当 $\eta \leq \frac{\alpha}{\gamma}$ 时,$q^* = q^\alpha$ 和 $q_2^* = q^\alpha - q_1^\gamma$,由式 (4-21) 和式 (4-26):

$$\frac{\mathrm{d}\,\mathrm{CVaR}_\eta(\pi_r(q_1^\gamma, q_2^*))}{\mathrm{d}w} = -q_1^\gamma + \left[(o+e_1-w) - \frac{2(e_1-v)}{\eta}F(q_1^\gamma - q_2^*)\right]\frac{\mathrm{d}q_1^\gamma}{\mathrm{d}w}$$

$$= -q_1^\gamma + \frac{2(e_1-v)}{\eta}[F(q_1^\gamma - q_2^\gamma) - F(q_1^\gamma - q_2^*)]\frac{\mathrm{d}q_1^\gamma}{\mathrm{d}w}$$

(4-27)

因为 $q^\gamma < q^\alpha$ 和 $q_2^\gamma = q^\gamma - q_1^\gamma$,则 $q_2^\gamma < q_2^*$,可推出 $q_1^\gamma - q_2^\gamma > q_1^\gamma - q_2^*$。由式 (4-23) 可推出 $\frac{\mathrm{d}q_1^\gamma}{\mathrm{d}w} < 0$。又因为 $e_1 - v > 0$,可推出

$$\frac{\mathrm{d}\,\mathrm{CVaR}_\eta(\pi_r(q_1^\gamma, q_2^*))}{\mathrm{d}w} = -q_1^\gamma + \frac{2(e_1-v)}{\eta}[F(q_1^\gamma - q_2^\gamma) - F(q_1^\gamma - q_2^*)]\frac{\mathrm{d}q_1^\gamma}{\mathrm{d}w} < 0$$

(4-28)

当 $\eta > \frac{\alpha}{\gamma}$ 时,由命题 4-5,则 $q^* = q^\gamma$ 和 $q_2^* = q^\gamma - q_1^\gamma$,由式 (4-22)、式 (4-23)、式 (4-24) 和式 (4-26),得

$$\frac{\mathrm{d}\,\mathrm{CVaR}_\eta(\pi_r(q_1^\gamma,q_2^\gamma))}{\mathrm{d}w}$$

$$= -q_1^\gamma + (p-w)\frac{\mathrm{d}q_1^\gamma}{\mathrm{d}w} + (p-o-e_1)\frac{\mathrm{d}q_2^\gamma}{\mathrm{d}w} - \frac{1}{\eta}\left[\int_0^{q_1^\gamma-q_2^\gamma} 2(v-e_1)f(x)\mathrm{d}x\right]\frac{\mathrm{d}q_2^\gamma}{\mathrm{d}w}$$

$$-\frac{1}{\eta}\left[\int_0^{q_1^\gamma-q_2^\gamma}(p-v)f(x)\mathrm{d}x + \int_{q_1^\gamma-q_2^\gamma}^{q^\gamma}(p-e_1)f(x)\mathrm{d}x\right]\frac{\mathrm{d}q^\gamma}{\mathrm{d}w}$$

$$= -q_1^\gamma + \left[(e_1+o-w) - \frac{1}{\eta}\int_0^{q_1^\gamma-q_2^\gamma}2(e_1-v)f(x)\mathrm{d}x\right]\frac{\mathrm{d}q_1^\gamma}{\mathrm{d}w} + (p-o-e_1)\frac{\mathrm{d}q^\gamma}{\mathrm{d}w}$$

$$-\frac{1}{\eta}\left[\int_0^{q_1^\gamma-q_2^\gamma}(p+v-2e_1)f(x)\mathrm{d}x + \int_{q_1^\gamma-q_2^\gamma}^{q^\gamma}(p-e_1)f(x)\mathrm{d}x\right]\frac{\mathrm{d}q^\gamma}{\mathrm{d}w} \quad (4-29)$$

由式（4-21），可推出

$$(e_1+o-w) - \frac{1}{\eta}\int_0^{q_1^\gamma-q_2^\gamma}2(e_1-v)f(x)\mathrm{d}x = 0 \quad (4-30)$$

由式（4-20）和式（4-21），可推出

$$\int_0^{q_1^\gamma-q_2^\gamma}(p+v-2e_1)f(x)\mathrm{d}x + \int_{q_1^\gamma-q_2^\gamma}^{q^\gamma}(p-e_1)f(x)\mathrm{d}x$$
$$= (v-e_1)F(q_1^\gamma-q_2^\gamma) + (p-e_1)F(q^\gamma) \quad (4-31)$$
$$= (p-o-e_1)\eta$$

由式（4-30）和式（4-31），式（4-29）可化为

$$\frac{\mathrm{d}\,\mathrm{CVaR}_\eta(\pi_r(q_1^\gamma,q_2^\gamma))}{\mathrm{d}w} = -q_1^\gamma + (p-o-e_1)\frac{\mathrm{d}q^\gamma}{\mathrm{d}w} - \frac{1}{\eta}[(p-o-e_1)\eta]\frac{\mathrm{d}q^\gamma}{\mathrm{d}w} = -q_1^\gamma < 0$$

$$(4-32)$$

由式（4-28）和式（4-32）可知，零售商最优总的条件风险价值CVaR_η $(\pi_r(q_1^\gamma,q_2^*))$关于固定订购的单位价格$w$是严格单调递减的函数。

根据命题4-6，当$\eta=1$时，可推出在引入双向期权合同下，带服务水平约束的零售商最优的期望收益关于固定订购的单位价格w也是严格单调递减的函数。这是因为随固定订购的价格增加，零售商的实际固定购买成本升高，因此最大的期望收益下降。命题4-6也说明生产商可以通过调整固定订购的单位价格w灵活分配供应链系统收益。

4.4.2 风险中性生产商的生产决策

在引入双向期权合同下,零售商在销售周期开始时获得固定订购产品,在销售周期期间根据需求实现情况确定期权执行情况,这表明生产商无须完全按照零售商的最优订购策略(q_1^γ, q_2^*)来组织生产。生产商的生产数量(Q)同时受市场随机需求和缺货成本的影响。因此生产量满足$(q_1^\gamma \leq Q \leq q_1^\gamma + q_2^* = q^*)$。

引入双向期权合同下,生产商的期望收益$E[\pi_s(Q)]$是

$$E[\pi_s(Q)] = wq_1^\gamma + oq_2^* + e_1 E[(q_2^* \wedge (x - q_1^\gamma)^+)] + vE[(Q - q_1^\gamma + q_2^*) \wedge (Q - x)^+]$$
$$- e_1 E[(q_2^* \wedge (q_1^\gamma - x)^+)] - cQ - hE[(q_1^\gamma + q_2^*) \wedge (x - Q)]^+$$

$$(4-33)$$

在引入双向期权合同下,生产商的生产优化问题 P′ 表示如下:

$$P': \max E[\pi_s(Q)]$$
$$\text{s. t.} \quad q_1^\gamma \leq Q \leq q^* \quad (4-34)$$

在求解优化问题 P′ 之前,先确定目标函数的性质。由式(4-33),$E[\pi_s(Q)]$关于Q的一阶导数和二阶导数分别为

$$\frac{dE[\pi_s(Q)]}{dQ} = (h - c) - (h - v)F(Q) \quad (4-35)$$

$$\frac{d^2 E[\pi_s(Q)]}{dQ^2} = -(h - v)f(Q) < 0$$

则$E[\pi_s(Q)]$关于Q是凹函数。令式(4-35)等于0,可得无约束优化问题 P′ 的最优解Q^δ,表达式为

$$Q^\delta = F^{-1}\left(\frac{h - c}{h - v}\right) \quad (4-36)$$

命题 4-7 给出了生产商的最优的生产策略。

命题 4-7:设Q^*为生产商最优的生产量,在引入双向期权合同下,Q^*满足式(4-37):

$$Q^* = \begin{cases} q_1^\gamma, & Q^\delta < q_1^\gamma \\ Q^\delta, & q_1^\gamma \leq Q^\delta \leq q^* \\ q^*, & q^* < Q^\delta \end{cases} \quad (4-37)$$

根据命题 4-7 可知，受零售商订购策略的影响，引入双向期权合同下，生产商最优的生产量与无双向期权合同下是一个固定值不同，而是一个区间：当 $Q^\delta < q_1^\gamma$，零售商订购策略会对生产商最优的生产量产生影响，生产商会尽量减少生产量来提高收益，此时最优生产量即为零售商最优固定订购量；当 $q_1^\gamma \leqslant Q^\delta \leqslant q^*$，零售商订购策略不会对生产商最优的生产量产生影响；当 $q^* < Q^\delta$，零售商订购策略会对生产商最优的生产量产生影响，生产商会尽量提高生产量来提高收益，此时最优生产量即为零售商最优总的订购量。因此，引入双向期权合同下，生产商不需要完全依照零售商的订购量组织生产，提高了其供应柔性。

4.5 讨 论

下面分别讨论引入双向期权合同和服务水平对风险厌恶的零售商的最优订购策略及其最大条件风险价值和风险中性生产商的最优生产策略及其最大期望收益的影响。

4.5.1 双向期权合同的影响

首先，考虑双向期权合同对零售商最优订购策略的影响，通过 4.3 节和 4.4 节的分析，可推出如下结果。

命题 4-8：当 $\alpha < \eta\gamma$ 时，$q^* > q_0^* > q_1^\gamma - q_2^*$；当 $\alpha \geqslant \eta\gamma$ 时，$q^* = q_0^* > q_1^\gamma - q_2^*$。

证明 因为 $o < \dfrac{(2p-w-e_1)(e_1-v)+(e_1-w)(p-e_1)}{p-v}$，可推出 $\gamma = \dfrac{(2p-w-o-e_1)}{2(p-e_1)} > \beta = \dfrac{p-w}{p-v} > \dfrac{o+e_1-w}{2(e_1-v)}$。当 $\alpha < \eta\beta$ 时，由命题 4-1，可得 $q_0^* = q_0^\beta$。由命题 4-5，可得 $q^* = q^\gamma$ 和 $q_2^* = q^\gamma - q_1^\gamma = q_2^\gamma$。因为 $\eta\gamma > \eta\beta > \dfrac{o+e_1-w}{2(e_1-v)}\eta$，可推出 $q^* > q_0^* > q_1^\gamma - q_2^*$。

当 $\eta\beta \leqslant \alpha < \eta\gamma$ 时，由命题 4-1，可得 $q_0^* = q_0^\alpha$。由命题 4-5，可得 $q^* = q^\gamma$ 和 $q_2^* = q^\gamma - q_1^\gamma = q_2^\gamma$。因为 q^α 关于 α 单增，$q^\alpha|_{\alpha=\beta} = q_0^\beta$ 和 $q^\alpha|_{\alpha=\gamma} = q^\gamma$，则可推出

$q^* > q_0^* = q_0^\alpha > q_0^\beta > q_1^\gamma - q_2^*$。

当 $\eta\gamma \leq \alpha$ 时，由命题 4-1，可得 $q_0^* = q_0^\alpha$。由命题 4-5，可得 $q^* = q^\alpha$ 和 $q_2^* = q^\alpha - q_1^\gamma$。显然 $q_0^\alpha = q^\alpha > q^\gamma$，则可推出 $q^* = q_0^* > q_1^\gamma - q_2^*$。

由命题 4-8 可知，引入双向期权合同下，零售商购买产品具有灵活性，最多可购买 q^*，最少可购买 $q_1^\gamma - q_2^*$，且满足 $q^* \geq q_0^* > q_1^\gamma - q_2^*$。当 $\alpha < \eta\gamma$ 时，若实际需求超过固定订购量，零售商能通过执行看涨期权获得额外的产品，最优的购买量由 q_0^* 提高到 q^*；若实际需求低于固定订购量，零售商能通过执行看跌期权使最终购买量降为 $q_1^\gamma - q_2^*$，因此 $q^* > q_0^* > q_1^\gamma - q_2^*$。当 $\alpha \geq \eta\gamma$ 时，由于受服务水平约束的限制，在考虑与不考虑引入双向期权合同下，零售商最优总的订购量相同。

命题 4-9 给出了双向期权合同的引入对零售商最优的条件风险价值的影响。

命题 4-9：引入双向期权合同下，零售商最优的条件风险价值大于无双向期权合同下零售商最优的条件风险价值，即 $\text{CVaR}_\eta(\pi_r(q_1^\gamma, q_2^*)) > \text{CVaR}_\eta(\pi_r(q_0^*))$。

证明 当 $\alpha < \eta\beta$ 时，由命题 4-1，可得 $q_0^* = q_0^\beta$。由 $\beta < \gamma$ 和命题 4-5，可得 $q^* = q^\gamma$ 和 $q_2^* = q^\gamma - q_1^\gamma = q_2^\gamma$。根据式（4-9）和式（4-26），可推出 $\Delta(q_2) = \text{CVaR}_\eta(\pi_r(q_0^\beta, q_2)) - \text{CVaR}_\eta(\pi_r(q_0^\beta)) = (p - o - e_1)q_2 - \frac{1}{\eta}\int_{q_0^\beta - q_2}^{q_0^\beta + q_2}[(p - e_1)(q_0^\beta + q_2 - x)]f(x)\mathrm{d}x - \frac{1}{\eta}\int_0^{q_0^\beta - q_2}[(p - v)(q_0^\beta + q_2 - x) + 2(v - e_1)q_2]f(x)\mathrm{d}x + \frac{p - v}{\eta}\int_0^{q_0^\beta}F(x)\mathrm{d}x$。显然 $\Delta(0) = 0$。$\mathrm{d}\Delta(q_2)/\mathrm{d}q_2|_{q_2 = 0} = p - o - e_1 - \frac{p - e_1}{\eta}F(q_0^\beta) + \frac{e_1 - v}{\eta}F(q_0^\beta) = \frac{p - e_1}{\eta}[F(q^\gamma) - F(q_0^\beta)] + \frac{e_1 - v}{\eta}[F(q_0^\beta) - F(q_1^\gamma - q_2^\gamma)]$。根据命题 4-8，当 $\alpha < \eta\beta$ 时，$q^\gamma > q_0^\beta$ 和 $q_0^\beta > q_1^\gamma - q_2^\gamma$，可证 $\mathrm{d}\Delta(q_2)/\mathrm{d}q_2|_{q_2 = 0} > 0$，则 $\text{CVaR}_\eta(\pi_r(q_0^\beta, q_2)) > \text{CVaR}_\eta(\pi_r(q_0^\beta))$。又因为 $\text{CVaR}_\eta(\pi_r(q_1^\gamma, q_2^\gamma)) > \text{CVaR}_\eta(\pi_r(q_0^\beta, q_2))$，则可证 $\text{CVaR}_\eta(\pi_r(q_1^\gamma, q_2^*)) > \text{CVaR}_\eta(\pi_r(q_0^*))$。

当 $\eta\beta \leq \alpha < \eta\gamma$ 时，由命题 4-1，可得 $q_0^* = q_0^\alpha$。由命题 4-5，可得 $q^* = q^\gamma$ 和 $q_2^* = q^\gamma - q_1^\gamma = q_2^\gamma$。根据式（4-9）和式（4-26），可推出 $\Delta(q_2) =$

$$\mathrm{CVaR}_\eta(\pi_r(q_0^\alpha, q_2)) - \mathrm{CVaR}_\eta(\pi_r(q_0^\alpha)) = (p - o - e_1)q_2 - \frac{1}{\eta}\int_{q_0^\alpha - q_2}^{q_0^\alpha + q_2}[(p - e_1)(q_0^\alpha +$$

$$q_2 - x)]f(x)\mathrm{d}x - \frac{1}{\eta}\int_0^{\alpha - q_2}[(p - v)(q_0^\alpha + q_2 - x) + 2(v - e_1)q_2]f(x)\mathrm{d}x + \frac{p - v}{\eta}$$

$$\int_0^{q_0^\alpha} F(x)\mathrm{d}x_\circ \text{ 显然 } \Delta(0) = 0_\circ \ \mathrm{d}\Delta(q_2)/\mathrm{d}q_2|_{q_2 = 0} = p - o - e_1 - \frac{p - e_1}{\eta}F(q_0^\alpha) + \frac{e_1 - v}{\eta}$$

$$F(q_0^\alpha) = \frac{p - e_1}{\eta}[F(q^\gamma) - F(q_0^\alpha)] + \frac{e_1 - v}{\eta}[F(q_0^\alpha) - F(q_1^\gamma - q_2^\gamma)]_\circ \text{ 根据命题 } 4 - 8,$$

当 $\eta\beta \leq \alpha < \eta\gamma$ 时，$q^\gamma > q_0^\alpha$ 和 $q_0^\alpha > q_1^\gamma - q_2^\gamma$，可证 $\mathrm{d}\Delta(q_2)/\mathrm{d}q_2|_{q_2 = 0} > 0$，则 $\mathrm{CVaR}_\eta(\pi_r(q_0^\alpha, q_2)) > \mathrm{CVaR}_\eta(\pi_r(q_0^\alpha))$。又因为 $\mathrm{CVaR}_\eta(\pi_r(q_1^\gamma, q_2^\gamma)) > \mathrm{CVaR}_\eta(\pi_r(q_0^\alpha, q_2))$，则可证 $\mathrm{CVaR}_\eta(\pi_r(q_1^\gamma, q_2^*)) > \mathrm{CVaR}_\eta(\pi_r(q_0^*))$。

当 $\eta\beta < \eta\gamma \leq \alpha$ 时，由命题 $4 - 1$，可得 $q_0^* = q_0^\alpha$。由命题 $4 - 5$，可得 $q^* = q^\alpha$ 和 $q^\alpha = q_2^* + q_1^\gamma$。根据式（$4 - 9$）和式（$4 - 26$），可推出 $\Delta(q_2) = \mathrm{CVaR}_\eta(\pi_r(q_0^\alpha,$

$$q_2)) - \mathrm{CVaR}_\eta(\pi_r(q_0^\alpha)) = (w - o - e_1)q_2 - \frac{1}{\eta}\int_{q_0^\alpha - 2q_2}^{q_0^\alpha}[(p - e_1)(q_0^\alpha - x)]f(x)\mathrm{d}x -$$

$$\frac{1}{\eta}\int_0^{q_0^\alpha - 2q_2}[(p - v)(q_0^\alpha - x) + 2(v - e_1)q_2]f(x)\mathrm{d}x + \frac{p - v}{\eta}\int_0^{q_0^\alpha}F(x)\mathrm{d}x_\circ \text{ 显然 } \Delta(0) =$$

$$0_\circ \ \mathrm{d}\Delta(q_2)/\mathrm{d}q_2|_{q_2 = 0} = w - o - e_1 + \frac{e_1 - v}{\eta}F(q_0^\alpha) = \frac{e_1 - v}{\eta}\left[F(q_0^\alpha) - \frac{o + e_1 - w}{e_1 - v}\eta\right]_\circ \text{ 根据}$$

命题 $4 - 8$，当 $\eta\beta < \eta\gamma \leq \alpha$ 时，$q_1^\gamma - q_2^\gamma < q^\gamma \leq q_0^\alpha$，可证 $\mathrm{d}\Delta(q_2)/\mathrm{d}q_2|_{q_2 = 0} > 0$，则 $\mathrm{CVaR}_\eta(\pi_r(q_0^\alpha, q_2)) > \mathrm{CVaR}_\eta(\pi_r(q_0^\alpha))$。又因为 $\mathrm{CVaR}_\eta(\pi_r(q_1^\gamma, q_2^\gamma)) > \mathrm{CVaR}_\eta(\pi_r(q_0^\alpha,$

$q_2))$，则可证 $\mathrm{CVaR}_\eta(\pi_r(q_1^\gamma, q_2^*)) > \mathrm{CVaR}_\eta(\pi_r(q_0^*))$。

当 $\eta = 1$ 时，零售商是风险中性的，此时零售商收益的条件风险价值等于其期望收益。根据命题 $4 - 9$，引入双向期权合同下，零售商最优的期望收益也大于无双向期权合同下零售商最优的期望收益，即 $\mathrm{E}[\pi_r(q_1^\gamma, q_2^*)] > \mathrm{E}[\pi_r(q_0^*)]$。命题 $4 - 9$ 说明了引入双向期权合同能使零售商获得更大收益。

命题 $4 - 10$ 给出了双向期权合同的引入对生产商期望收益的影响。

命题 $4 - 10$：引入双向期权合同下，生产商最优的期望收益大于无双向期权合同下生产商最优的期望收益，即 $\mathrm{E}[\pi_s(Q^*)] > \mathrm{E}[\pi_s(Q_0^*)]$。

证明 当 $\eta\beta < \eta\gamma \leq \alpha$ 时，由命题 4-1，可得 $q_0^* = q_0^\alpha$。由命题 4-5，可得 $q^* = q^\alpha$ 和 $q^\alpha = q_2^\gamma + q_1^\gamma$。根据式（4-10）和式（4-33），可推出 $\Delta(w) = \mathrm{E}[\pi_s(Q^*)] - \mathrm{E}[\pi_s(Q_0^*)] = (o + e_1 - h)q^\alpha + (w - o - e_1)q_1^\gamma + \int_0^{2q_1^\gamma - q^\alpha}(e_1 - v)F(x)\mathrm{d}x + (h - c)Q^* - \int_0^{q^\alpha}(e_1 - h)F(x)\mathrm{d}x - \int_0^{Q^*}(h - v)F(x)\mathrm{d}x - (w - c)q_0^\alpha$。令 $q_1^\gamma|_{w=w'} = q^\alpha$，当 $w = w'$ 时，可推出 $q_2^\gamma = 0$，则 $q^\gamma - q_1^\gamma = q_0^\alpha = Q^*$。显然 $\Delta(w') = 0$。$\mathrm{d}\Delta(w)/\mathrm{d}w|_{w=w'} = [w - o - e_1 + 2(e_1 - v)F(2q_1^\gamma - q^\alpha)]\mathrm{d}q_1^\gamma/\mathrm{d}w + [h - c - (h - v)F(Q^*)]\mathrm{d}Q^*/\mathrm{d}w = 2(e_1 - v)\left[F(2q_1^\gamma - q^\alpha) - \dfrac{o + e_1 - w}{2(e_1 - v)}\right]\mathrm{d}q_1^\gamma/\mathrm{d}w + (h - v)\left[\dfrac{h - c}{h - v} - F(Q^*)\right]\mathrm{d}Q^*/\mathrm{d}w$。因为 $q^\gamma < q^\alpha$ 和式（4-21），可推出 $\left[F(2q_1^\gamma - q^\alpha) - \dfrac{o + e_1 - w}{2(e_1 - v)}\right]\mathrm{d}q_1^\gamma/\mathrm{d}w > 0$。当 $Q^\delta < q_1^\gamma$ 时，$\left[\dfrac{h - c}{h - v} - F(Q^*)\right]\mathrm{d}Q^*/\mathrm{d}w = [F(Q^\delta) - F(q_1^\gamma)]\mathrm{d}q_1^\gamma/\mathrm{d}w > 0$，则 $\mathrm{d}\Delta(w)/\mathrm{d}w|_{w=w'} > 0$；当 $q_1^\gamma \leq Q^\delta \leq q^*$ 时，$\left[\dfrac{h - c}{h - v} - F(Q^*)\right]\mathrm{d}Q^*/\mathrm{d}w = [F(Q^\delta) - F(Q^\delta)]\mathrm{d}Q^\delta/\mathrm{d}w = 0$，则 $\mathrm{d}\Delta(w)/\mathrm{d}w|_{w=w'} > 0$；当 $q^* < Q^\delta$ 时，$\left[\dfrac{h - c}{h - v} - F(Q^*)\right]\mathrm{d}Q^*/\mathrm{d}w = [F(Q^\delta) - F(q^\alpha)]\mathrm{d}q^\alpha/\mathrm{d}w = 0$，则 $\mathrm{d}\Delta(w)/\mathrm{d}w|_{w=w'} > 0$。因此 $\Delta(w) > 0$，即可得 $\mathrm{E}[\pi_s(Q^*)] > \mathrm{E}[\pi_s(Q_0^*)]$。

同理可证 $\alpha < \eta\beta$ 和 $\eta\beta \leq \alpha < \eta\gamma$ 的情形，证明过程此处省略。

命题 4-10 证明了引入双向期权合同能增加生产商最优的期望收益。命题 4-9 和命题 4-10 说明了在引入双向期权合同下，零售商最优的条件风险价值和生产商最优的期望收益都获得提高，即达到双赢的结果，进一步说明引入双向期权合同能提升供应链性能。

4.5.2 服务水平的影响

首先，考虑引入双向期权合同下，服务水平对零售商最优的条件风险价值的影响，可推出如下结果。

命题 4-11：引入双向期权合同下，零售商最优的条件风险价值 $\text{CVaR}_\eta(\pi_r(q_1^\gamma, q_2^*))$ 关于服务水平 α 是单调不增的函数。

证明 由命题 4-5，当 $\eta\gamma \geq \alpha$ 时，$q^* = q^\gamma$ 和 $q_2^* = q^\gamma - q_1^\gamma$，此时零售商最优的订购决策与服务水平 α 无关，因此，零售商最优的条件风险价值 $\text{CVaR}_\eta(\pi_r(q_1^\gamma, q_2^*))$ 与服务水平 α 也是无关的。当 $\eta\gamma < \alpha$ 时，$q^* = q^\alpha$ 和 $q_2^* = q^\alpha - q_1^\gamma$，此时零售商最优总的订购量和期权购买量都与服务水平 α 有关。由式（4-26），可推出 $\text{dCVaR}_\eta(\pi_r(q_1^\gamma, q^\alpha - q_1^\gamma))/\text{d}\alpha = \left[p - o - e_1 - \dfrac{p - e_1}{\eta}F(q^\alpha) - \dfrac{v - e_1}{\eta}F(2q_1^\gamma - q^\alpha)\right]\text{d}q^\alpha/\text{d}\alpha = \left[\dfrac{p - e_1}{\eta}(F(q^\gamma) - F(q^\alpha)) + \dfrac{e_1 - v}{\eta}(F(2q_1^\gamma - q^\alpha) - F(q_1^\gamma - q_2^\gamma))\right]\text{d}q^\alpha/\text{d}\alpha$。因为 $F(q^\gamma) < F(q^\alpha)$ 和 $F(2q_1^\gamma - q^\alpha) < F(q_1^\gamma - q_2^\gamma)$，可推出 $\text{dCVaR}_\eta(\pi_r(q_1^\gamma, q^\alpha - q_1^\gamma))/\text{d}\alpha < 0$。综上所述，零售商最优的条件风险价值 $\text{CVaR}_\eta(\pi_r(q_1^\gamma, q_2^*))$ 关于服务水平 α 是单调不增的函数。

命题 4-11 说明零售商需要在高的顾客满意度和低的条件风险值之间做权衡，选择合适的顾客满意度十分重要，因为它对条件风险值有直接的影响。考虑特殊情况，即当 $\eta = 1$ 时，零售商是风险中性的。根据命题 4-11，引入双向期权合同下，零售商最优的期望收益 $\text{E}[\pi_r(q_1^\gamma, q_2^*)]$ 关于服务水平 α 也是单调不增的函数。

命题 4-12 给出了在引入双向期权合同下，服务水平对生产商最优的期望收益的影响。

命题 4-12：引入双向期权合同下，生产商最优的期望收益 $\text{E}[\pi_s(Q^*)]$ 关于服务水平 α 是单调不减的函数。

证明 根据命题 4-5，当 $\eta\gamma \geq \alpha$ 时，$q^* = q^\gamma$ 和 $q_2^* = q^\gamma - q_1^\gamma$，则 Q^* 与 α 无关，可推出生产商最优的期望收益 $\text{E}[\pi_s(Q^*)]$ 与服务水平 α 无关。

当 $\eta\gamma < \alpha$ 时，$q^* = q^\alpha$ 和 $q_2^* = q^\alpha - q_1^\gamma$。由命题 4-7，当 $Q^\delta < q_1^\gamma$ 时，$Q^* = q_1^\gamma$ 与 α 无关。$\text{E}[\pi_s(Q^*)] = (o + e_1 - h)q^\alpha + (w - o - e_1)q_1^\gamma + \int_0^{2q_1^\gamma - q^\alpha}(e_1 - v)F(x)\text{d}x + (h - c)q_1^\gamma - \int_0^{q^\alpha}(e_1 - h)F(x)\text{d}x - \int_0^{q_1^\gamma}(h - v)F(x)\text{d}x$。$\text{dE}[\pi_s(Q^*)]/\text{d}\alpha = [(o + e_1 - $

$h) - (e_1 - v)F(2q_1^\gamma - q^\alpha) - (e_1 - h)F(q^\alpha)]dq^\alpha/d\alpha$。因为 $F(2q_1^\gamma - q^\alpha) < F(q_1^\gamma - q_2^\gamma)$,则可推出 $(o + e_1 - h) - (e_1 - v)F(2q_1^\gamma - q^\alpha) - (e_1 - h)F(q^\alpha) > o + e_1 - h - \dfrac{(o + e_1 - w)\eta}{2} - (e_1 - h) > o + w - e_1 > 0$。因为 $dq^\alpha/d\alpha > 0$,可推出 $dE[\pi_s(Q^*)]/d\alpha > 0$。同理可证明当 $q_1^\gamma \leq Q^\delta \leq q^*$ 时,$dE[\pi_s(Q^*)]/d\alpha > 0$。当 $q^* < Q^\delta$ 时,$Q^* = q^\alpha$ 与 α 有关。

$$E[\pi_s(Q^*)] = (o + e_1 - h)q^\alpha + (w - o - e_1)q_1^\gamma + \int_0^{2q_1^\gamma - q^\alpha}(e_1 - v)F(x)dx + (h - c)q^\alpha$$
$- \int_0^{q^\alpha}(e_1 - h)F(x)dx - \int_0^{q^\alpha}(h - v)F(x)dx$。$dE[\pi_s(Q^*)]/d\alpha = [(o + e_1 - h) - (e_1 - v)F(2q_1^\gamma - q^\alpha) - (e_1 - h)F(q^\alpha)]dq^\alpha/d\alpha + \dfrac{1}{h - v}[F(Q^\delta) - F(q^\alpha)]dq^\alpha/d\alpha$。因为 $Q^\delta > q^\alpha$,可推出 $dE[\pi_s(Q^*)]/d\alpha > 0$。

综上所述,在引入双向期权合同下,生产商最优的期望收益 $E[\pi_s(Q^*)]$ 关于服务水平 α 是单调不减的函数。

命题 4-12 证明了存在服务水平约束可能使生产商获利。因此,生产商应该激励零售商订购更多的产品,提高服务水平。

4.6 供应链的协调

前面我们分析了零售商最优的订购策略和生产商最优的生产策略,此时零售商和生产商都是独自优化自身效益进行决策的,这将导致双边际效应的发生。为提升供应链性能,这里我们讨论供应链协调问题。

首先研究供应链成员集中决策的情形,将其作为供应链协调的基准。假设供应链系统的生产量为 Q_c,其收益函数为

$$\pi_s(Q_c) = p(Q_c \wedge x) + v(Q_c - x)^+ - h(x - Q_c)^+ - cQ_c$$

对应的期望收益为

$$E[\pi_s(Q_c)] = (p + h - c)Q_c - h\mu - (p + h - v)\int_0^{Q_c}F(x)dx \quad (4-38)$$

供应链系统的生产优化问题 P_c 表示如下:

$$P_c: \max \mathrm{E}[\pi_s(Q_c)]$$

$$\text{s. t.} \begin{cases} Q_c \geq 0 \\ \mathrm{P}(Q_c \geq x) \geq \alpha \end{cases} \quad (4-39)$$

从式 (4-39) 的约束条件 $\mathrm{P}(Q_c \geq x) \geq \alpha$，可以推导出 $Q_c \geq F^{-1}(\alpha)$。令

$$Q_c^\alpha = F^{-1}(\alpha) \quad (4-40)$$

下面求无服务水平约束时优化问题 P_c 的最优解。$\mathrm{E}[\pi_s(Q_c)]$ 关于 Q_c 的一阶导数和二阶导数分别为

$$\frac{d\mathrm{E}[\pi_s(Q_c)]}{dQ_c} = (p+h-c) - (p+h-v)F(Q_c)$$

$$\frac{d^2\mathrm{E}[\pi_s(Q_c)]}{dQ_c^2} = -(p+h-v)f(Q_c) < 0 \quad (4-41)$$

则 $\mathrm{E}[\pi_s(Q_c)]$ 关于 Q_c 是凹函数。令式 (4-41) 等于 0，可得无约束优化问题 P_c 的最优解 $Q_c^\lambda = F^{-1}\left(\frac{p+h-c}{p+h-v}\right)$。令 $\lambda = \frac{p+h-c}{p+h-v}$，$\lambda$ 是无服务水平约束下供应链系统能提供的最高的服务水平，则

$$Q_c^\lambda = F^{-1}(\lambda) \quad (4-42)$$

由式 (4-40) 和式 (4-42)，可推出带服务水平约束的供应链系统的生产优化问题 P_c 的最优解是 Q_c^*，满足 $Q_c^* = \max(q^\alpha, Q_c^\lambda)$，则可得供应链系统的最优的生产策略如下：

$$Q_c^* = \begin{cases} q^\alpha, & \lambda < \alpha \\ Q_c^\lambda, & \lambda \geq \alpha \end{cases} \quad (4-43)$$

由式 (4-38) 和式 (4-43)，可推出供应链系统的最优的期望收益是

$$\mathrm{E}[\pi_s(Q_c^*)] = (p+h-c)Q_c^* - h\mu - (p+h-v)\int_0^{Q_c^*} F(x)dx \quad (4-44)$$

引入双向期权合同下，生产商不按照零售商订单进行生产，如果仍按照传统的零售商视角进行供应链单边协调并不能实现系统风险的有效对冲和分担。此处采用与 Chen 等人[152]相类似的研究方法，分别以零售商和生产商的不同视角设计双边协调机制。由命题 4-5 和命题 4-7，通过比较式 (4-25)、式 (4-37) 和式 (4-44)，可推出供应链协调的条件。

命题 4-13：基于双向期权契约和 CVaR 准则，带有服务水平约束的供应链协调的条件如下。

(1) $\alpha = \lambda = \dfrac{p+h-c}{p+h-v}$。

(2) $\dfrac{h-c}{h-v} = \dfrac{(2p-w-o-e_1)\eta}{2(p-e_1)}$。

证明 首先服务水平需要协调，集中决策时服务水平是协调的基准。根据式 (4-43) 和式 (4-44)，当 $\lambda \geq \alpha$ 时，$E[\pi_s(Q_c^*)] = (p+h-c)Q_c^\lambda - h\mu - (p+h-v)\int_0^{Q_c^\lambda} F(x)dx$，显然，此时供应链系统最优的期望收益与 α 无关；当 $\lambda < \alpha$ 时，$E[\pi_s(Q_c^*)] = (p+h-c)q^\alpha - h\mu - (p+h-v)\int_0^{q^\alpha} F(x)dx$。$dE[\pi_s(Q_c^*)]/d\alpha = \left[\dfrac{p+h-c}{p+h-v} - F(q^\alpha)\right]dq^\alpha/d\alpha = [F(Q_c^\lambda) - F(q^\alpha)]dq^\alpha/d\alpha < 0$。因此，供应链系统最优的期望收益关于 α 是单调不增的函数。显然当 $\alpha = \lambda = \dfrac{p+h-c}{p+h-v}$ 时，供应链系统的期望收益取得最大值，此时 λ 也是供应链系统能提供的最高服务水平，可得 $\alpha = \lambda$ 是供应链系统最优的服务水平。

零售商的订购量和生产商的生产量需要协调，集中决策时生产量是协调的基准。因为 $\dfrac{p+h-c}{p+h-v} > \dfrac{h-c}{h-v}$，即 $\lambda > \delta$。由命题 4-5 和命题 4-7，当供应链协调时需要满足 $\eta\gamma = \delta$，即 $\dfrac{(2p-w-o-e_1)\eta}{2(p-e_1)} = \dfrac{h-c}{h-v}$，可得 $\lambda > \delta = \eta\gamma$。因为供应链协调需要服务水平满足 $\alpha = \lambda$，此时零售商的订购量和生产商的生产量与集中决策时生产量都保持一致。

根据命题 4-13 可知，基于双向期权契约和 CVaR 准则，带有服务水平约束的供应链协调的条件与市场需求分布无关，这意味着可以在不了解市场需求的情况下协调供应链。这种特性有重要的管理启示：一是管理者可以通过相同的合同向多个不存在竞争的零售商销售不同需求分布的多种产品；二是便于类似于创意型新产品这种市场需求不成熟产品的销售推广。

当供应链协调时，供应链系统收益达到最大值。由命题 4-13 可知，引入双向期权合同下，带服务水平约束的零售商最优的期望收益 $E(\pi_r(q_1^\gamma, q_2^*))$ 关于固定订购的单位价格 w 是严格单调递减的函数，因此生产商可以通过调整固定订购的单位价格 w 灵活分配供应链系统收益，使供应链一方收益提高，而另一方收益不下降。这说明在服务水平约束和 CVaR 准则下，与不能协调供应链的合同相比，协调供应链的合同总能实现帕累托最优。

4.7 数值试验

本节通过数值试验来说明期权合同和服务水平的影响并验证上文的结论。试验参数设置如下：$p=20$，$o=3$，$e_1=9$，$w_1=10$，$h=9$，$c=8$，$v=4$ 和 $\eta=0.7$。显然 $\beta = \dfrac{p-w}{p-v} = 0.625$，$\eta\beta = \dfrac{p-w}{p-v}\eta = 0.438$，$\gamma = \dfrac{2p-w-o-e}{2(p-e)} = \dfrac{9}{11}$ 和 $\eta\gamma = \dfrac{2p-w-o-e}{2(p-e)}\eta = 0.573$。假设市场需求 X 服从均值 $\mu=100$ 和标准差 $\sigma=30$ 的正态分布。服务水平 α 从 0.1 递增到 0.9，步长 0.05。

图 4-3 描述了随着服务水平 α 的变化，q^*，q_0^* 和 $q_1^\gamma - q_2^*$ 之间的关系。由图 4-3 可知，当 $\alpha < 0.573 = \eta\gamma$ 时，零售商能通过执行看涨期权获得额外的产品，最优的总购买量由 q_0^* 提高到 q^*，最高服务水平由 $0.438 = \eta\beta$ 提高到 $0.573 = \eta\gamma$；零售商也能通过执行看跌期权使最终购买量降为 $q_1^\gamma - q_2^*$。从图 4-3 还可以看出当 $\alpha \geq 0.573 = \eta\gamma$ 时，在考虑与不考虑引入双向期权合同下，零售商最优总的订购量和提供的服务水平都相等，这是因为此时存在服务水平的约束，零售商需要提高订购量，满足服务水平约束；在引入双向期权合同下，零售商能通过执行看跌期权使最终购买量降为 $q_1^\gamma - q_2^*$，这是因为此时购买量 $q_1^\gamma - q_2^*$ 与服务水平 α 有关，随 α 的增加而减少。当存在服务水平约束时，相对于实际需求，零售商需要订购更多的产品，因此零售商退货也更多，则最终购买量减少。这些结果与命题 4-8 一致。

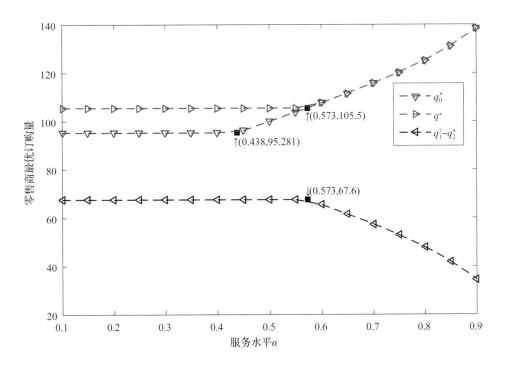

图 4-3 q^*，q_0^* 和 $q_1^\gamma - q_2^*$ 之间的关系

图 4-4 说明了 $\text{CVaR}_\eta(\pi_r(q_1^\gamma, q_2^*))$，$\text{CVaR}_\eta(\pi_r(q_0^*))$ 和 α 之间的关系。由图 4-4 可知，引入双向期权合同下，零售商最优的条件风险价值大于无双向期权合同下零售商最优的条件风险价值，且两种情况下零售商最优的条件风险价值关于服务水平都是单调不增的函数。从图 4-4 可以看出 $0.573 = \eta\gamma$ 是引入双向期权合同和无服务水平约束下零售商能提供的最高服务水平，$0.438 = \eta\beta$ 是无双向期权合同和服务水平约束下零售商能提供的最高服务水平，显然 $0.573 = \eta\gamma > 0.438 = \eta\beta$，这说明引入双向期权合同能提高零售商最高服务水平和最优的条件风险价值。这些结果与命题 4-9 和命题 4-11 一致。

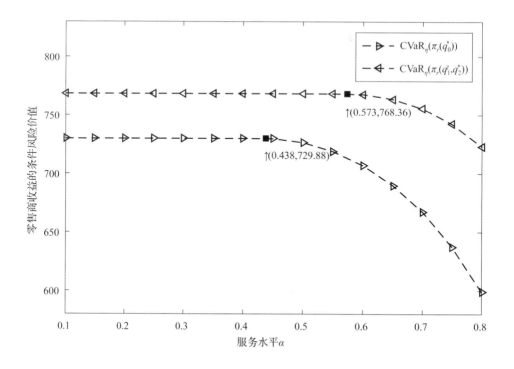

图 4-4 $\mathrm{CVaR}_\eta(\pi_r(q_1^\gamma, q_2^*))$，$\mathrm{CVaR}_\eta(\pi_r(q_0^*))$ 和 α 之间的关系

图 4-5 描述了 $\mathrm{E}[\pi_s(Q^*)]$，$\mathrm{E}[\pi_s(Q_0^*)]$ 和 α 之间的关系。由图 4-5 可知，引入双向期权合同下，生产商最优的期望收益大于无双向期权合同下生产商最优的期望收益，且两种情况下生产商最优的期望收益关于服务水平都是单调不减的函数，进一步当 $\alpha > 0.573 = \eta\gamma$ 时，两种情况下生产商最优的期望收益关于服务水平都是严格单调递增的函数。从图 4-5 可知，当 $\eta\beta = 0.438 < \alpha < 0.573 = \eta\gamma$ 时，引入双向期权合同下，服务水平约束能自动满足，生产商最优期望收益关于 α 保持不变；而无双向期权合同下，服务水平起约束作用，生产商最优期望收益关于 α 单增，但无双向期权合同下生产商最优期望收益明显偏低，这是因为引入期权合同的影响大于服务水平约束的影响。这些结果与命题 4-10 和命题 4-12 一致。

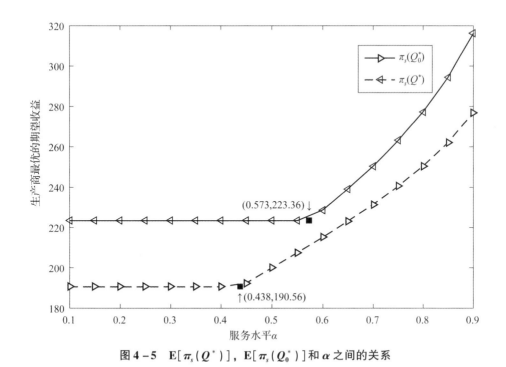

图 4-5　$E[\pi_s(Q^*)]$，$E[\pi_s(Q_0^*)]$ 和 α 之间的关系

4.8 本章小结

本章用条件风险价值刻画风险厌恶，研究了基于双向期权合同的带有服务水平约束的两级供应链决策问题。

首先研究了两种模型：无双向期权合同的基础模型和引入双向期权合同的扩展模型，前一种模型是后一种模型研究的基准。针对前一种模型，本书建立了基于 CVaR 准则，带服务水平约束的零售商订购模型，通过模型求解，给出了零售商最优的固定订购量是一个区间。针对后一种模型，本书建立了基于双向期权合同和 CVaR 准则，带服务水平约束的零售商订购模型和生产商生产模型，通过两个模型求解，给出了零售商最优总的订购量和期权购买量都是一个区间，与无双向期权合同下不同，生产商最优的生产量不是一个固定值，而是一个区间。

然后通过两种模型比较，分析了引入期权合同对供应链决策的影响。引入双向期权合同下，当 $\alpha < \eta\gamma$ 时，零售商最大的购买量由 q_0^* 提高到 q^*，最高服务水

平由 $\eta\beta$ 提高到 $\eta\gamma$，最小的购买量由 q_0^* 降为 $q_1^\gamma - q_2^*$。当 $\alpha \geq \eta\gamma$ 时，两种模型下，零售商最大的订购量和提供的服务水平相同，但引入双向期权合同下最小购买量更小。引入双向期权合同下，零售商最优的条件风险价值和生产商最优的期望收益都获得提高，即达到双赢的结果，证明了引入双向期权合同能提高供应链性能。两种模型下，零售商最优的条件风险价值都是关于服务水平单调不增的函数，而生产商最优的期望收益都是关于服务水平单调不减的函数。

最后研究了供应链协调。基于双向期权契约和 CVaR 准则，带有服务水平约束的供应链协调的条件与市场需求分布无关，生产商可以通过调整固定订购的单位价格灵活分配供应链系统收益。

第5章
基于看涨期权契约和 CVaR 准则的低碳化供应链决策模型

5.1 引言

在大量的碳排放导致全球变暖严峻局势下，全球各个国家和地区制定了各种碳排放政策，主要包括碳限额、碳税和碳限额与交易三种形式[154]。欧洲碳排放交易体系（EUETS）是全球第一个建立的碳排放交易市场，澳大利亚从 2011 年开始对碳排放企业征收碳税，中国从 2014 年开始陆续在北京、上海、重庆和广东等地区实施碳排放权交易试点[155]。Lu[156]的研究结果表明碳税是一种有效的基于市场的碳减排政策，比其他减碳政策更容易实施。

现有的关于碳税下企业决策的文献主要研究单个企业在碳税下的最优决策问题，而从供应链角度考虑的文献还较少。事实上，碳税下供应链上下游企业的协调与合作，也能解决碳排放减少的问题。以钢铁行业为例，由于采购、库存和运输，其每年释放了大量含碳物质，是碳排放的主要行业之一[157]。在碳税政策下，以碳排放量多少征税，这大大增加了钢铁企业运营成本，对企业决策和供应链管理提出了严峻挑战。假若市场需求高于订购量，钢铁分销商将不能满足需求，招致缺货成本；假若市场需求低于订购量，钢铁分销商不仅招致额外的采购、库存和运输成本，而且招致由此带来的大量的碳税，即使钢铁厂允许分销商销售期末退货，由于退货是有形的，也招致库存和运输成本，以及由此带来的碳税。此外，钢铁厂不仅要承担过量生产成本，而且承担由此带来的碳排放税。因此，研究低碳化钢铁供应链十分必要。

现有文献关于期权合同在协调供应链方面进行了大量的研究，鲜有文献关注其潜在的解决钢铁供应链碳排放减少问题的能力。假若钢铁分销商除了从钢铁厂固定订购钢铁产品，还同时购买看涨期权，依据实际需求决定期权执行量，就不会导致过量生产和订购，以及招致无效率的碳税。这是因为执行期权本质上也是退货给钢铁厂，但是退货是无形的，不会招致退货成本（库存、运输等成本），也不会招致由此产生的碳税。此外，引入期权合同能使钢铁分销商订购更多的产品，使钢铁厂获利，而且钢铁厂生产过剩的风险也由钢铁分销商通过期权价格分担。此外，基于期权合同研究供应链问题的文献大多假设决策者是风险中性的。事实上，在钢铁供应链中，钢铁厂一般是很大的制造公司，生产多种钢铁产品，与各种各样的钢铁分销商有业务往来，因此很容易分化自身风险，一般认为是风险中性的。然而，钢铁分销商一般规模较小，且代理产品单一，业务主要来自钢铁厂，一般认为是风险厌恶的。

本章聚焦于钢铁行业的碳减排问题，研究基于看涨期权合同和碳税政策考虑决策者风险偏好的供应链决策模型，并关注如下问题。

（1）在碳税政策下，钢铁分销商（下文简称"零售商"）如何确定最优的订购策略，钢铁厂（下文简称"生产商"）如何确定最优的生产策略？

（2）碳税政策将对碳减排和供应链性能产生怎样的影响？

（3）在碳税政策下，风险厌恶系数和合同参数对供应链成员的决策产生哪些影响？

（4）在碳税政策下，相对于只存在固定订购的情况，引入看涨期权契约在碳减排和供应链性能方面产生怎样的优势？

5.2　模型描述与假设

在碳税政策下，考虑一个带随机需求的单周期两阶段钢铁供应链模型。风险中性的生产商生产某种钢铁产品经风险厌恶的零售商销售给最终顾客，由于钢铁产品在采购、库存和运输等过程都释放大量的含碳物质，按照碳税政策，企业需要按照单位产品碳排放量向政府缴纳碳税，这意味着企业需要承担大量的碳排放成本。此外，由于钢铁产品生产周期长、销售周期短且市场需求不确定性大，所以一旦销售期开始，零售商没有再次订购机会。因此，生产商和零售商必须在销售期到来之前做决策。本章模型中常用符号见表5-1。

表5-1 本章模型中常用符号

符号	描述
p	单位销售价格
w	固定订购的单位价格
o	购买看涨期权的单位价格
e	执行看涨期权的单位价格
c	单位生产成本
v	单位残值价格
h	生产商的单位缺货成本
τ	碳税，即单位产品碳排放量的成本
q_1	固定订购量，$q_1 > 0$
q_2	看涨期权购买量，$q_2 > 0$
q	总的订购量，$q = q_1 + q_2$
Q	生产量，$Q \geq q_1$
X	市场随机需求，$X \geq 0$，$E[X] = \mu$ 和 $Var(X) = \sigma^2$
$f(x)$	X 的概率密度函数，$f(x) \geq 0$
$F(x)$	X 的累计分布函数，是单增、可微、非负和可逆的，$F(0) = 0$

模型的事件发展顺序描述如下：设 t_1，t_2，t_3 分别代表生产期开始时刻、销售期开始时刻和销售期结束时刻。在 t_1 时刻之前，生产商提供固定订购价格（w）和期权购买价格（o，e）。在 t_1 时刻，零售商根据需求预测和购买成本（包括碳税），确定固定订购量 q_1，同时购买双向期权 q_2。每单位看涨期权允许零售

商在需求实现以后按照期权执行价格购买一个单位产品。在 t_1 到 t_2 时刻，生产商根据钢铁产品需求预测和零售商两种订购量，确定生产量 Q。在 t_2 时刻，零售商收到固定订购量 q_1。在 t_2 到 t_3 时刻，即销售周期，零售商根据需求情况决定是否执行看涨期权和执行多少期权，招致总的碳税 $\tau[\min(q_2,(x-q_1)^+)]$。销售周期内，如果零售商缺货，采用缺货不补的方式，不考虑缺货成本；如果生产商缺货，将招致单位缺货成本 h，可以理解为生产商用高精度钢铁产品代替低精度的钢铁产品或从第三方获得单位额外产品的成本。t_3 时刻以后，任何剩余产品以残值 v 获得收益。事件发生的顺序及各时间点的信息集合展示在图 5-1 中。

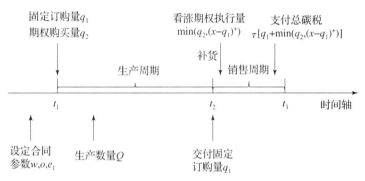

图 5-1 事件发生的顺序及各时间点的信息集合

假设生产商和零售商掌握的信息是对称的。假设生产商是风险中性的，以最大化期望收益为目标，零售商为风险厌恶的，以最大化其收益的条件风险价值为目标。此外，还假设碳税由零售商独自承担，可以理解为由采购、库存和运输环节产生的碳税，其实生产环节产生的碳税包含在生产成本 c 里。为了使研究的模型有意义，相关参数需要满足如下假设。

（1）$c<w<e+o<p-\tau$，保证生产商组织生产和零售商购买看涨期权。

（2）$o+v<w<e+o$，保证零售商进行固定订购和购买看涨期权。

（3）$v<e$，保证零售商执行双向期权。

（4）$v<c<h$，避免生产商不满足市场需求。

（5）$c-v<p-\tau-c$，保证供应链的总收益大于总成本。

令 $x^+=\max\{x,0\}$ 和 $1-F(\cdot)=\mathrm{F}(\cdot)$，用上标 $*$ 表示最优情况。

5.3 碳税政策和期权契约下风险厌恶零售商的订购策略

钢铁产品生产周期长、销售周期短且市场需求不确定性大，所以在销售期开始之前，零售商必须做决策。引入期权合同下，零售商既订购钢铁产品又购买看涨期权。此时，零售商有两个决策变量：①固定订购量 q_1；②看涨期权购买量 q_2。在销售周期开始时，零售商获得固定订购的产品。在销售周期期间，零售商根据需求实现决定是否执行看涨期权，当实际需求大于 q_1 时，则执行看涨期权补货；当实际需求等于 q_1 时，则不执行期权。

碳税政策下，引入看涨期权合同时，零售商的收益函数 $\pi_r(x,q_1,q_2)$ 是

$$\begin{aligned}\pi_r(x,q_1,q_2) = &p\min(q_1+q_2,x) + v[q_1-x]^+ \\ &- wq_1 - oq_2 - e\min(q_2,(x-q_1)^+) \\ &- \tau[q_1 + \min((x-q_1)^+, q_2)]\end{aligned} \quad (5-1)$$

相应的零售商收益的条件风险价值用 $\mathrm{CVaR}_\eta(\pi_r(q_1,q_2))$ 表示，表达式是

$$\mathrm{CVaR}_\eta(\pi_r(q_1,q_2)) = \max_{\xi \in R}\left\{\xi - \frac{1}{\eta}\mathrm{E}[\xi - \pi_r(x,q_1,q_2)]^+\right\} \quad (5-2)$$

其中 $\eta \in (0,1]$ 反映零售商的风险厌恶程度，η 越小，说明零售商的风险厌恶程度越高。注意当 $\eta=1$ 时，零售商收益的条件风险价值等于其期望收益值，说明零售商是风险中性的。

在碳税政策下，零售商的订购优化问题 P 表示如下：

$$\mathrm{P}: \max \mathrm{CVaR}_\eta(\pi_r(q_1,q_2))$$

$$\mathrm{s.t.} \begin{cases} q_1 \geqslant 0 \\ q_2 > 0 \end{cases} \quad (5-3)$$

设 q_1^* 和 q_2^* 是式（5-3）的最优解，则命题 5-1 给出了 q_1^* 和 q_2^* 的具体表示形式。

命题 5-1：引入碳税政策和期权契约下，$\mathrm{CVaR}_\eta(\pi_r(x,q_1,q_2))$ 关于 q_1 和 q_2 是联合的凹函数。零售商最优的固定订购量和期权购买量分别是 $q_1^* = F^{-1}(A)$ 和

$q_2^* = F^{-1}(B) - F^{-1}(A)$,其中 $A = \dfrac{(e+o-w)}{e+\tau-v}\eta$ 和 $B = \dfrac{(p-\tau-o-e)}{p-\tau-e}\eta$。

证明 令 $g(\xi,q_1,q_2) = \xi - \dfrac{1}{\eta}\mathrm{E}[\xi - \pi_r(x,q_1,q_2)]^+$,由式(5-2),$\mathrm{CVaR}_\eta(\pi_r(q_1,q_2)) = \max\limits_{\xi \in R} g(\xi,q_1,q_2)$。由式(5-1):

$$g(\xi,q_1,q_2) = \xi - \dfrac{1}{\eta}\int_0^{q_1}[\xi + (w+\tau-v)q_1 + oq_2 - x(p-v)]^+ f(x)\mathrm{d}x$$

$$- \dfrac{1}{\eta}\int_{q_1}^{q_1+q_2}[\xi + (w-e)q_1 + oq_2 - x(p-\tau-e)]^+ f(x)\mathrm{d}x$$

$$- \dfrac{1}{\eta}\int_{q_1+q_2}^{\infty}[\xi - (p-\tau-w)q_1 - (p-\tau-o-e)q_2]^+ f(x)\mathrm{d}x$$

下面分四种情况讨论。

情况 1. 当 $\xi \leqslant -(w+\tau-v)q_1 - oq_2$ 时,则 $g(\xi,q_1,q_2) = \xi$,即 $\dfrac{\partial g(\xi,q_1,q_2)}{\partial \xi} = 1 > 0$。

情况 2. 当 $-(w+\tau-v)q_1 - oq_2 < \xi \leqslant (p-\tau-w)q_1 - oq_2$ 时,则 $g(\xi,q_1,q_2) = \xi - \dfrac{1}{\eta}\int_0^{\frac{\xi+(w+\tau-v)q_1+oq_2}{p-v}}[\xi + (w+\tau-v)q_1 + oq_2 - x(p-v)]f(x)\mathrm{d}x$。因为 $\dfrac{\partial g(\xi,q_1,q_2)}{\partial \xi} = 1 - \dfrac{1}{\eta}F\left(\dfrac{\xi+(w+\tau-v)q_1+oq_2}{p-v}\right)$,可得 $\dfrac{\partial g(\xi,q_1,q_2)}{\partial \xi}\bigg|_{\xi=-(w+\tau-v)q_1-oq_2} = 1 > 0$ 和 $\dfrac{\partial g(\xi,q_1,q_2)}{\partial \xi}\bigg|_{\xi=(p-w-\tau)q_1-oq_2} = 1 - \dfrac{1}{\eta}F(q_1)$。

情况 3. 当 $(p-\tau-w)q_1 - oq_2 < \xi \leqslant (p-\tau-w)q_1 + (p-\tau-o-e)q_2$ 时,则 $g(\xi,q_1,q_2) = \xi - \dfrac{1}{\eta}\int_0^{q_1}[\xi + (w+\tau-v)q_1 + oq_2 - x(p-v)]f(x)\mathrm{d}x - \dfrac{1}{\eta}\int_{q_1}^{\frac{\xi+(w-e)q_1+oq_2}{p-\tau-e}}[\xi + (w-e)q_1 + oq_2 - x(p-\tau-e)]f(x)\mathrm{d}x$。因为 $\dfrac{\partial g(\xi,q_1,q_2)}{\partial \xi} = 1 - \dfrac{1}{\eta}F\left(\dfrac{\xi+(w-e)q_1+oq_2}{p-\tau-e}\right)$,可得 $\dfrac{\partial g(\xi,q_1,q_2)}{\partial \xi}\bigg|_{\xi=(p-\tau-w)q_1-oq_2} = 1 - \dfrac{1}{\eta}F(q_1)$ 和 $\dfrac{\partial g(\xi,q_1,q_2)}{\partial \xi}\bigg|_{\xi=(p-\tau-w)q_1+(p-\tau-o-e)q_2} = 1 - \dfrac{1}{\eta}F(q_1+q_2)$。

情况 4. 当 $(p-\tau-w)q_1 + (p-\tau-o-e)q_2 < \xi$ 时，则 $g(\xi,q_1,q_2) = \xi - \frac{1}{\eta}\int_0^{q_1}[\xi+(w+\tau-v)q_1+oq_2-x(p-v)]f(x)\mathrm{d}x - \frac{1}{\eta}\int_{q_1}^{q_1+q_2}[\xi+(w-e)q_1+oq_2-x(p-e-\tau)]f(x)\mathrm{d}x - \frac{1}{\eta}\int_{q_1+q_2}^{\infty}[\xi+h_rx-(p+h_r-w-\tau)q_1-(p+h_r-o-e-\tau)q_2]f(x)\mathrm{d}x$，即 $\frac{\partial g(\xi,q_1,q_2)}{\partial \xi} = 1 - \frac{1}{\eta} < 0$。

令 $\xi^* = \arg\max_{\xi\in R} g(\xi,q_1,q_2)$，则 $\mathrm{CVaR}_\eta(\pi_r(x,q_1,q_2)) = g(\xi^*,q_1,q_2)$。因为 $g(\xi,q_1,q_2)$ 是关于 ξ 的凹函数，容易得出 $\xi^* \in (-(w+\tau-v)q_1 - oq_2, (p-\tau-w)q_1 + (p-\tau-o-e)q_2]$。若 $1 - \frac{1}{\eta}F(q_1+q_2) < 0$，则 ξ^* 满足 $\frac{\partial g(\xi,q_1,q_2)}{\partial \xi} = 1 - \frac{1}{\eta}F\left(\frac{\xi+(w-e)q_1+oq_2}{p-\tau-e}\right) = 0$，即 $\xi^* = F^{-1}(\eta)(p-\tau-e) - (w-e)q_1 - oq_2$。$g(\xi^*,q_1,q_2) = \xi^* - \frac{1}{\eta}\int_0^{q_1}[\xi^*+(w+\tau-v)q_1+oq_2-x(p-v)]f(x)\mathrm{d}x - \frac{1}{\eta}\int_{q_1}^{\frac{\xi^*+(w-e)q_1+oq_2}{p-\tau-e}}[\xi^*+(w-e)q_1+oq_2-x(p-\tau-e)]f(x)\mathrm{d}x$。因为 $\frac{\partial g(\xi^*,q_1,q_2)}{\partial q_1} = -(w-e) - \frac{1}{\eta}(e+\tau-v) = -\frac{1}{\eta}(\eta(w+\tau)+(1-\eta)(e+\tau)-v) < 0$ 和 $\frac{\partial g(\xi^*,q_1,q_2)}{\partial q_2} = -o < 0$，则 $1 - \frac{1}{\eta}F(q_1+q_2) > 0$，$\xi^* = (p-\tau-w)q_1 + (p-\tau-o-e)q_2$。

进一步可推出

$$\mathrm{CVaR}_\eta(\pi_r(x,q_1,q_2)) = (p-\tau-w)q_1 + (p-\tau-o-e)q_2 \\ - \frac{1}{\eta}\int_{q_1}^{q_1+q_2}(p-\tau-e)(q_1+q_2-x)f(x)\mathrm{d}x \\ - \frac{1}{\eta}\int_0^{q_1}[(p-v)q_1+(p-\tau-e)q_2-x(p-v)]f(x)\mathrm{d}x$$

(5-4)

因为 $\frac{\partial \mathrm{CVaR}_\eta(\pi_r(X,q_1,q_2))}{\partial q_1} = (p-\tau-w) - \frac{1}{\eta}(e+\tau-v)F(q_1) - \frac{1}{\eta}(p-\tau-e)F(q_1+q_2)$ 和 $\frac{\partial \mathrm{CVaR}_\eta(\pi_r(x,q_1,q_2))}{\partial q_2} = (p-\tau-o-e) - \frac{1}{n}(p-\tau-e)F(q_1+q_2)$，可

推出 $\dfrac{\partial^2 \mathrm{CVaR}_\eta(\pi_r(x,q_1,q_2))}{\partial q_1^2} = -\dfrac{1}{\eta}(e+\tau-v)f(q_1) - \dfrac{1}{\eta}(p-\tau-e)f(q_1+q_2) < 0$,

$\dfrac{\partial^2 \mathrm{CVaR}_\eta(\pi_r(x,q_1,q_2))}{\partial q_2^2} = -\dfrac{1}{\eta}(p-\tau-e)f(q_1+q_2) < 0$, $\dfrac{\partial^2 \mathrm{CVaR}_\eta(\pi_r(x,q_1,q_2))}{\partial q_1 \partial q_2} = -\dfrac{1}{\eta}(p-\tau-e)f(q_1+q_2) < 0$ 和 $\dfrac{\partial^2 \mathrm{CVaR}_\eta(\pi_r(x,q_1,q_2))}{\partial q_2 \partial q_1} = -\dfrac{1}{\eta}(p-\tau-e)f(q_1+q_2) < 0$,

进一步可推出 $\dfrac{\partial^2 \mathrm{CVaR}_\eta(\pi_r(x,q_1,q_2))}{\partial q_1^2} \dfrac{\partial^2 \mathrm{CVaR}_\eta(\pi_r(x,q_1,q_2))}{\partial q_2^2} - \dfrac{\partial^2 \mathrm{CVaR}_\eta(\pi_r(x,q_1,q_2))}{\partial q_1 \partial q_2} \dfrac{\partial^2 \mathrm{CVaR}_\eta(\pi_r(x,q_1,q_2))}{\partial q_2 \partial q_1} = \dfrac{1}{\eta^2}(p-v)(p-\tau-e)f(q_1)f(q_1+q_2) > 0$,则 $\mathrm{CVaR}_\eta(\pi_r(x,q_1,q_2))$ 关于 q_1 和 q_2 是联合的凹函数。根据一阶最优条件,可得

$$\begin{cases} \dfrac{\partial \mathrm{CVaR}_\eta(\pi_r(x,q_1,q_2))}{\partial q_1} = (p-\tau-w) - \dfrac{1}{\eta}(e+\tau-v)F(q_1) - \dfrac{1}{\eta}(p-\tau-e)F(q_1+q_2) = 0 \\ \dfrac{\partial \mathrm{CVaR}_\eta(\pi_r(x,q_1,q_2))}{\partial q_2} = (p-\tau-o-e) - \dfrac{1}{\eta}(p-\tau-e)F(q_1+q_2) = 0 \end{cases}$$

即 $F(q_1^*) = \dfrac{(e+o-w)}{e+\tau-v}\eta$ 和 $F(q_1^* + q_2^*) = \dfrac{(p-\tau-o-e)}{p-\tau-e}\eta$。因为 $A = \dfrac{(e+o-w)}{e+\tau-v}\eta$ 和 $B = \dfrac{(p-\tau-o-e)}{p-\tau-e}\eta$,则可得 $q_1^* = F^{-1}(A)$ 和 $q^* = q_1^* + q_2^* = F^{-1}(B)$。因为 $q_2^* = q^* - q_1^*$,可得 $q_2^* = F^{-1}(B) - F^{-1}(A)$。

因为 $e+o>w$ 和 $e>v$,由命题 5-1,可证 $q_1^* > 0$。注意 $q_2^* > 0$ 等价于 $o<o^1$,其中 $o^1 = \dfrac{(w+\tau-v)(p-\tau-e)}{p-v}$,表明看涨期权的购买价格不能太高,否则零售商不会购买看涨期权。o^1 被认为零售商购买看涨期权的期权价格的阈值。显然当 $o \geqslant o^1$ 时,$q_2^* = 0$,上述问题简化为无看涨期权的基础模型,此种情况将在 5.6 节进行研究。本章我们假设 $o<o^1$ 恒成立。

由命题 5-1 的证明,可得零售商最优总的订购量为 $q^* = q_1^* + q_2^* = F^{-1}(B)$。根据命题 5-1,可推出风险厌恶程度和零售商最优订购策略之间的关系。

命题 5-2:风险厌恶程度对零售商最优订购策略的影响为 $\dfrac{\mathrm{d}q_1^*}{\mathrm{d}\eta} > 0$ 和

$\dfrac{\mathrm{d}q^*}{\mathrm{d}\eta} > 0$。

命题 5-2 给出了在碳税政策下，q_1^* 和 q^* 关于 η 都是严格单增的函数。因为 η 的值越大表示零售商风险厌恶程度越低，这暗示风险厌恶程度越高，零售商最优固定订购量和总的订购量都越小。显然，当 $\eta = 1$（零售商是风险中性的）时，零售商最优固定订购量和总的订购量分别都达到最大值。这些结果说明了管理者在提供期权合同时需要考虑零售商风险厌恶程度的影响。

根据命题 5-1，可推出碳税政策对零售商最优订购策略的影响如下。

命题 5-3：碳税政策对零售商最优订购策略的影响为 $\dfrac{\mathrm{d}q_1^*}{\mathrm{d}\tau} < 0$ 和 $\dfrac{\mathrm{d}q^*}{\mathrm{d}\tau} < 0$。

命题 5-3 描述了随着碳税的增加，q_1^* 和 q^* 都降低。当 $\eta = 1$（零售商是风险中性的）时，命题 5-3 的结论仍然成立，这说明风险偏好不影响碳税政策和零售商最优订购策略之间的关系。这个结果有如下管理启示：期权合同下，政府能通过碳税政策调节零售商的订购量，实现降低碳排放量的目的。

下面分析碳税政策下合同参数对零售商最优的订购策略的影响，可得如下推论。

推论 5-1：合同参数对零售商最优的订购策略 (q_1^*, q^*) 的影响如下。

（1）$\dfrac{\mathrm{d}q_1^*}{\mathrm{d}w} = -\dfrac{\mathrm{d}q_2^*}{\mathrm{d}w} < 0$，$\dfrac{\mathrm{d}q^*}{\mathrm{d}w} = 0$。

（2）$0 < \dfrac{\mathrm{d}q_1^*}{\mathrm{d}o} < -\dfrac{\mathrm{d}q_2^*}{\mathrm{d}o}$，$\dfrac{\mathrm{d}q^*}{\mathrm{d}o} < 0$。

（3）$0 < \dfrac{\mathrm{d}q_1^*}{\mathrm{d}e} < -\dfrac{\mathrm{d}q_2^*}{\mathrm{d}e}$，$\dfrac{\mathrm{d}q^*}{\mathrm{d}e} < 0$。

推论 5-1(1) 给出了 q_1^* 关于 w 是严格单减的函数，q_2^* 关于 w 是严格单增的函数，而 q^* 关于 w 是恒定不变的函数。推论 5-1(2)、(3) 给出了 q_1^* 关于 (o, e) 都是严格单增的函数，而 q^* 关于 (o, e) 都是严格单减的函数。因为 $\dfrac{\mathrm{d}q_2^*}{\mathrm{d}o} < -\dfrac{\mathrm{d}q_1^*}{\mathrm{d}o} < 0$ 和 $\dfrac{\mathrm{d}q_2^*}{\mathrm{d}e} < -\dfrac{\mathrm{d}q_1^*}{\mathrm{d}e} < 0$，这说明 q_2^* 关于期权合同参数 (o, e) 的变化比 q_1^* 关于 (o, e) 的变化更显著。推论 5-1 进一步也说明了管理者能通过调

节期权合同参数 (o, e) 控制零售商最优总的订购量,通过调节参数 w 来调节最优固定订购量和期权购买量。

为了分析需求不确定对最优订购策略的影响,本章假设需求服从均值为 μ、方差为 σ 的正态分布,可推出如下结论。

推论 5-2:需求不确定和零售商最优订购策略之间的关系如下。

(1) 当 $2(e+o-w)\eta > e+\tau-v$ 时,q_1^* 和 q^* 关于 σ 都是严格单增的函数,$q^* > q_1^* > \mu$;当 $2(e+o-w)\eta = e+\tau-v$ 时,q_1^* 关于 σ 恒定不变,q^* 关于 σ 都是严格单增的函数,$q^* > q_1^* = \mu$;当 $2(e+o-w)\eta < e+\tau-v$ 和 $2(p-\tau-o-e)\eta > p-\tau-e$ 时,q_1^* 关于 σ 是严格单减的函数,q^* 关于 σ 是严格单增的函数,$q^* > \mu > q_1^*$;当 $2(p-\tau-o-e)\eta = p-\tau-e$ 时,q_1^* 关于 σ 是严格单减的函数,q^* 关于 σ 是恒定不变的函数,$q^* = \mu > q_1^*$;否则,q_1^* 和 q^* 关于 σ 都是严格单减的函数,$\mu > q^* > q_1^*$。

(2) q_2^* 关于 σ 是严格单增的函数。

证明 由已知条件,可得 $E(X) = \mu$ 和 $\sqrt[2]{Var(X)} = \sigma$。设 Φ 和 ϕ 分别表示需求的标准正态分布的分布函数和密度函数,$z^1 = \Phi^{-1}(A) = \Phi^{-1}\left(\frac{e+o-w}{e+\tau-v}\eta\right)$ 和 $z^2 = \Phi^{-1}(B) = \Phi^{-1}\left(\frac{p-\tau-o-e}{p-\tau-e}\eta\right)$,可推出 $q_1^* = \mu + \sigma z^1$,$q^* = \mu + \sigma z^2$ 和 $q_2^* = \sigma(z^2 - z^1)$。

(1) 因为 $q_1^* = \mu + \sigma z^1 = \mu + \sigma \Phi^{-1}\left(\frac{e+o-w}{e+\tau-v}\eta\right)$ 和 $q^* = \mu + \sigma z^2 = \mu + \sigma \Phi^{-1}\left(\frac{p-\tau-o-e}{p-\tau-e}\eta\right)$,当 $2(e+o-w)\eta > e+\tau-v$ 时,可推出 $2(p-\tau-o-e)\eta > p-\tau-e$,则 q_1^* 和 q^* 关于 σ 都是严格单增的函数,即可得 $q^* > q_1^* > \mu$。当 $2(e+o-w)\eta = e+\tau-v$ 时,可推出 $2(p-\tau-o-e)\eta > p-\tau-e$,则 q_1^* 关于 σ 恒定不变,而 q^* 关于 σ 都是严格单增的函数,可得 $q^* > q_1^* = \mu$。当 $2(e+o-w)\eta < e+\tau-v$ 和 $2(p-\tau-o-e)\eta > p-\tau-e$,可推出 q_1^* 关于 σ 是严格单减的函数,而 q^* 关于 σ 是严格单增的函数,可得 $q^* > \mu > q_1^*$。当 $2(p-\tau-o-e)\eta = p-\tau-e$ 时,可得 $2(e+o-w)\eta < e+\tau-v$,则 q_1^* 关于 σ 是严格单减的函数,而 q^* 关于 σ 是恒定

不变的函数，即 $q^* = \mu > q_1^*$。否则，q_1^* 和 q^* 关于 σ 都是严格单减的函数，可得 $\mu > q^* > q_1^*$。

(2) 因为 $\dfrac{\mathrm{d}q_2^*}{\mathrm{d}\sigma} = z^2 - z^1 > 0$，则 q_2^* 关于 σ 是严格单增的函数。

推论 5-2(1) 说明了需求不确定性和零售商最优固定订购量 q_1^* 与总的订购量 q^* 之间的关系依赖合同参数、碳税政策和风险厌恶程度。零售商最优固定订购量和总的订购量都可能大于、等于和小于市场需求均值 μ。此外，零售商最优固定订购量和总的订购量也都可能关于 σ 是单增、单减和保持不变的函数。然而，零售商最优期权购买量关于 σ 是独立于 τ 和 η 的严格单增的函数。这是因为期权合同提供了零售商灵活的购买策略，降低了需求不确定风险的影响。随着需求不确定性的增加，不管碳税政策和风险厌恶性的影响，零售商面对的风险都增加了，则零售商依赖执行看涨期权满足实现的市场需求。

5.4 碳税政策和期权契约下风险中性生产商的生产策略

钢铁产品生产周期长、销售周期短且市场需求不确定性大，所以在销售期开始之前，生产商必须做决策。在引入双向期权合同下，零售商在销售周期期间根据需求实现情况确定期权执行情况，这表明生产商无须完全按照零售商的最优订购策略 (q_1^*, q^*) 来组织生产。生产商的生产数量（Q）也受市场随机需求和缺货成本的影响，因此生产量满足 $q_1^* \leq Q \leq q^*$。

引入双向期权合同下，生产商的期望收益 $\mathrm{E}[\pi_s(Q)]$ 是

$$\mathrm{E}[\pi_s(Q)] = wq_1^* + o(q^* - q_1^*) + e\mathrm{E}\min(q^* - q_2^*, (x - q_1^*)^+) + v\mathrm{E}(Q - \min(x, q^*))^+ \\ - h\mathrm{E}(\min(x, q^*) - Q)^+ - cQ \tag{5-5}$$

在引入双向期权合同下，生产商的生产决策问题为

$$\max_{q_1^* \leq Q \leq q^*} \mathrm{E}[\pi_s(Q)] \tag{5-6}$$

令 Q^* 是生产决策问题（5-6）的最优解，命题 5-4 给出了生产商的最优生产策略。

命题 5-4：在碳税政策和看涨期权合同下，生产商最优的生产量 Q^* 满足式 (5-7)：

$$Q^* = \begin{cases} q_1^*, & Q' < q_1^* \\ Q', & q_1^* \leq Q' \leq q^* \\ q^*, & q^* < Q' \end{cases} \quad (5-7)$$

其中 $Q' = F^{-1}\left(\dfrac{h-c}{h-v}\right)$。

证明 首先确定目标函数 $\mathrm{E}[\pi_s(Q)]$ 的性质。由式 (5-5)，$\mathrm{E}[\pi_s(Q)]$ 关于 Q 的一阶导数和二阶导数分别为

$$\frac{\mathrm{dE}[\pi_s(Q)]}{\mathrm{d}Q} = (h-c) - (h-v)F(Q)$$

$$\frac{\mathrm{d}^2\mathrm{E}[\pi_s(Q)]}{\mathrm{d}Q^2} = -(h-v)f(Q) < 0 \quad (5-8)$$

则 $\mathrm{E}[\pi_s(Q)]$ 关于 Q 是凹函数。令式 (5-8) 等于 0，可得

$$Q' = F^{-1}\left(\frac{h-c}{h-v}\right) \quad (5-9)$$

则生产决策问题 (5-6) 的最优解可以表示为 $Q^* = \min(\max(q_1^*, Q'), q^*)$，即

$$Q^* = \begin{cases} q_1^* & \text{if } Q' \leq q_1^* \\ Q' & \text{if } q_1^* < Q' \leq q^* \\ q^* & \text{if } q^* < Q' \end{cases}$$

根据命题 5-4 可知，受零售商订购策略的影响，引入看涨期权合同下，生产商最优的生产量是一个区间：当 $Q' < q_1^*$，零售商订购策略会对生产商最优的生产量产生影响，生产商会尽量减少生产量来提高收益，此时最优生产量即为零售商最优固定订购量，显然此时最优生产量也受碳税政策和风险厌恶程度的影响；当 $q_1^* \leq Q' \leq q^*$，零售商订购策略不会对生产商最优的生产量产生影响，但是会受缺货成本的影响；当 $q^* < Q'$，零售商订购策略会对生产商最优的生产量产生影响，生产商会尽量提高生产量来提高收益，此时最优生产量即为零售商最优总的订购量，显然此时最优生产量也受碳税政策和风险厌恶程度的影响。因

此，引入看涨期权合同下，生产商不需要完全依照零售商的订购量组织生产，提高了其供应柔性，但是会受碳税政策和风险厌恶程度的影响。

由命题 5-4 和式 (5-5)，可推出生产商最优的期望收益为

$$E[\pi_s(Q^*)] = (w-o-e)q_1^* + (o+e-h)q^* + (e-v)\int_0^{q_1^*} F(x)dx$$

$$+ (h-e)\int_0^{q^*} F(x)dx + (h-c)Q^* - (h-v)\int_0^{Q^*} F(x)dx$$

(5-10)

命题 5-5 给出了固定订购的单位价格 w 对生产商最优期望收益的影响。

命题 5-5：引入期权合同下，生产商的最优期望收益关于 w 是严格单增的函数，即 $\dfrac{d\pi_s(Q^*)}{dw} > 0$。

证明 根据式 (5-10)，$E[\pi_s(Q^*)]$ 关于 w 的一阶导数为 $\dfrac{d\pi_s(Q^*)}{dw} = q_1^* + [(w-o-e)+(e+\tau-v)F(q_1^*)]\dfrac{dq_1^*}{dw} = q_1^* + (o+e-w)(\eta-1)\dfrac{dq_1^*}{dw} + [(h-c)-(h-v)F(Q^*)]\dfrac{dQ^*}{dw}$。由推论 5-1(1)，$\dfrac{dq_1^*}{dw} < 0$。因为 $w < o+e$ 和 $\eta < 1$，则 $(o+e-w)(\eta-1)\dfrac{dq_1^*}{dw} > 0$。根据命题 5-4，当 $Q' \leq q_1^*$ 时，则 $Q^* = q_1^*$ 和 $F(Q') = \dfrac{h-c}{h-v} \leq F(Q^*)$，可推出 $[(h-c)-(h-v)F(Q^*)]\dfrac{dQ^*}{dw} > 0$，即 $\dfrac{d\pi_s(Q^*)}{dw} > 0$。当 $q_1^* < Q' \leq q^*$ 时，则 $Q^* = Q'$，可推出 $\dfrac{d\pi_s(Q^*)}{dw} = q_1^* + (o+e-w)(\eta-1)\dfrac{dq_1^*}{dw} > 0$。当 $q^* < Q'$ 时，则 $Q^* = q^*$，可推出 $\dfrac{d\pi_s(Q^*)}{dw} = q_1^* + (o+e-w)(\eta-1)\dfrac{dq_1^*}{dw} > 0$。综上可证 $\dfrac{d\pi_s(Q^*)}{dw} > 0$。

根据推论 5-1(1) 可知，总的最优订购量 q^* 是与 w 无关的函数，命题 5-5 证明了生产商的最优期望收益关于 w 是严格单增的函数。显然，通过设置高的固定订购的单位价格，生产商能获得高的期望收益而又不会影响总的订购量。

推论 5-1(1) 也证明了随着 w 的增加，零售商会增加期权购买量，减少固定订购量。因为 $w<o+e$，则零售商总的订购成本关于 w 是增加的，零售商总的期望收益关于 w 是减少的。以上结论暗示固定订购的单位价格 w 能被用来调节零售商和生产商之间的收益分配，这对管理者来说是一个非常实用的工具，管理者可以使用这个工具提升供应链利润分配灵活性。

5.5　看涨期权契约的影响

本节考虑不引入看涨期权合同的基础模型，在此模型下，不存在供应和订购的柔性。以此模型为一个基准，用来与 5.4 节引入看涨期权合同的扩展模型进行比较，讨论看涨期权合同的运用对钢铁供应链的影响。假设此模型下零售商订购量是 q_0，相应的零售商收益函数 $\pi_r(q_0)$ 是

$$\pi_r(x, q_0) = p(q_0 \wedge x) + v(q_0 - x)^+ - wq_0 \qquad (5-11)$$

与前面的分析类似，相应的零售商收益的条件风险价值用 $\mathrm{CVaR}_\eta(\pi_r(q_0))$ 表示，表达式是

$$\mathrm{CVaR}_\eta(\pi_r(q_0)) = \max_{\xi \in R}\left\{\xi - \frac{1}{\eta}\mathrm{E}[\xi - \pi_r(x, q_0)]^+\right\} \qquad (5-12)$$

其中 $\eta \in (0, 1]$ 反映了零售商的风险厌恶程度，η 越小，说明零售商的风险厌恶程度越高。注意当 $\eta=1$ 时，零售商收益的条件风险价值等于其期望收益值，说明零售商是风险中性的。

在碳税政策下，零售商的订购优化问题 P′表示如下：

$$\mathrm{P}': \max \mathrm{CVaR}_\eta(\pi_r(q_0))$$
$$\mathrm{s.t.} \quad q_0 \geq 0 \qquad (5-13)$$

设 q_0^* 是式（5-13）的最优解，命题 5-6 给出了 q_0^* 的具体表示形式。

命题 5-6：无看涨期权合同下，当碳税为 τ 时，零售商最优的订购量是 $q_0^* = F^{-1}\left(\dfrac{p-w-\tau}{p-v}\eta\right)$。

证明与命题 5-1 类似，此处省略。

相似于命题 5-1，命题 5-6 证明了无看涨期权合同下，零售商最优的订购量存在且是唯一的。从命题 5-6 可知，q_0^* 与 q^* 有相似的结构形式，但是与 q^* 关于 w 是恒定不变的函数不同，q_0^* 关于 w 是严格单减的函数。命题 5-7 给出了两种模型下零售商最优订购策略的关系。

命题 5-7：$q_1^* < q_0^* < q^*$。

证明 根据命题 5-1 和命题 5-6，$q_1^* = F^{-1}\left(\dfrac{e+o-w}{e+\tau-v}\eta\right)$，$q^* = F^{-1}\left(\dfrac{p-\tau-o-e}{p-\tau-e}\eta\right)$ 和 $q_0^* = F^{-1}\left(\dfrac{p-\tau-w}{p-v}\eta\right)$。因为 $o < \dfrac{(w+\tau-v)(p-\tau-e)}{p-v}$，可推出 $q^* = F^{-1}\left(\dfrac{p-\tau-o-e}{p-\tau-e}\eta\right) > F^{-1}\left(\dfrac{e+o-w}{e+\tau-v}\eta\right) = q_1^*$。因为 $\dfrac{p-\tau-0-e}{p-\tau-e} = 1 - \dfrac{o}{p-\tau-e} > 1 - \dfrac{w+\tau-v}{p-v} = \dfrac{p-\tau-w}{p-v}$，可推出 $F^{-1}\left(\dfrac{p-\tau-w}{p-v}\eta\right) < F^{-1}\left(\dfrac{p-\tau-o-e}{p-\tau-e}\eta\right)$，可得 $q_0^* < q^*$。因为 $\dfrac{e+o-w}{e+\tau-v} = \dfrac{e-w}{e+\tau-v} + \dfrac{o}{e+\tau-v} < \dfrac{e-w}{e+\tau-v} + \dfrac{(p-\tau-e)(w+\tau-v)}{(p-v)(e+\tau-v)} = \dfrac{p-\tau-w}{p-v}$，则 $F^{-1}\left(\dfrac{e+o-w}{e-v}\eta\right) < F^{-1}\left(\dfrac{p-\tau-w}{p-v}\eta\right)$，可推出 $q_1^* < q_0^*$。综上可得 $q_1^* < q_0^* < q^*$。

实施碳税政策虽然降低了碳排放，但是同时也降低了零售商的最优订购量，零售商的风险偏好也影响零售商的最优订购量，然而，命题 5-7 表明引入期权合同后，零售商购买钢铁产品具有了灵活性，增加了零售商总的最优订购量，最多可以购买 q^*，最少可以购买 q_1^*，且满足 $q_1^* < q_0^* < q^*$。此外，在看涨期权合同下，由于不存在退货相关成本付出，零售商能够更好地管理过量库存风险，进而降低碳排放。

在碳税政策下，命题 5-8 给出了引入看涨期权合同对零售商最优的条件风险价值的影响。

命题 5-8：在碳税政策下，引入期权合同时零售商最优的条件风险价值大于无双向期权合同时零售商最优的条件风险价值，即 $\mathrm{CVaR}_\eta(\pi_r(X,q_1^*,q_2^*)) > \mathrm{CVaR}_\eta(\pi_r(X,q_0^*))$。

证明 令 $\Delta(q_2) = \mathrm{CVaR}_\eta(\pi_r(q_0^*,q_2)) - \mathrm{CVaR}_\eta(\pi_r(q_0^*))$。由式（5-4）、

式（5-12）、命题 5-1 和命题 5-7，可推出 $\Delta(q_2) = (p - \tau - o - e)q_2 - \frac{1}{\eta}\int_{q_0^*}^{q_0^* + q_2}[(p - \tau - e)(q_0^* + q_2 - x)]f(x)dx - \frac{1}{\eta}\int_0^{q_0^*}(p - \tau - e)q_2 f(x)dx$，显然 $\Delta(0) = 0$。$d\Delta(q_2)/dq_2|_{q_2=0} = p - \tau - o - e - \frac{1}{\eta}\int_0^{q_0^* + q_2}(p - \tau - e)q_2 f(x)dx = \frac{p-\tau-e}{\eta}\left[\frac{p-\tau-o-e}{p-\tau-e}\eta - F(q_0^*)\right] = \frac{p-\tau-e}{\eta}[F(q^*) - F(q_0^*)] > 0$，可得 $\mathrm{CVaR}_\eta(\pi_r(q_0^*, q_2)) > \mathrm{CVaR}_\eta(\pi_r(q_0^*))$。因为 $\mathrm{CVaR}_\eta(\pi_r(q_1^*, q_2^*)) > \mathrm{CVaR}_\eta(\pi_r(q_0^*, q_2))$，即证 $\mathrm{CVaR}_\eta(\pi_r(X, q_1^*, q_2^*)) > \mathrm{CVaR}_\eta(\pi_r(X, q_0^*))$。

命题 5-8 表明，碳税政策下，引入期权合同不仅能使零售商增加总的最优订购量，降低碳排放，而且也可以提高其收益的条件风险值。当 $\eta = 1$ 时，零售商是风险中性的，此时零售商收益的条件风险价值等于其期望收益。根据命题 5-8，当碳税为 τ 时，引入期权合同下零售商最优的期望收益也大于无双向期权合同下零售商最优的期望收益，即 $E[\pi_r(q_1^*, q_2^*)] > E[\pi_r(q_0^*)]$。命题 5-8 表明引入双向期权合同能使零售商获得更大收益。

一个有趣的问题是引入期权合同是否也可以使生产商提高期望收益。假设无看涨期权合同时生产商最优的生产量为 Q_0^*，显然 $Q_0^* = q_0^*$。此时生产商最优的期望收益是 $\pi_s'(Q_0^*) = (w - c)q_0^*$。通过模型比较，可以推出命题 5-9。

命题 5-9：在碳税政策下，引入期权合同时生产商最优的期望收益大于无双向期权合同时零售商最优的期望收益，即 $\pi_s(Q^*) > \pi_s'(Q_0^*)$。

证明 因为 $\pi_s(Q^*) = (w - o - e)q_1^* + (o + e - h)q^* + (e - v)\int_0^{q_1^*}F(x)dx + (h - e)\int_0^{q^*}F(x)dx + (h - c)Q^* - (h - v)\int_0^{Q^*}F(x)dx$ 和 $\pi_s'(Q_0^*) = (w - c)q_0^*$，可推出 $\pi_s(Q^*) - \pi_s'(Q_0^*) = (w - o - e)q_1^* + (o + e - h)q^* + (e - v)\int_0^{q_1^*}F(x)dx + (h - e)\int_0^{q^*}F(x)dx + (h - c)Q^* - (h - v)\int_0^{Q^*}F(x)dx - (w - c)q_0^*$。由命题 5-1 和推论 5-1(1)，可得 $q_2^* = q^* - q_1^*$ 和 $\frac{dq_2^*}{dw} > 0$。设当 $w = w_0$ 时，$q_2^* = 0$，这意味

着当 w 充分小时，零售商不通过期权订购钢铁产品。显然，当 $w > w_0$ 时，$q_2^* > 0$。否则 $q_2^* = 0$，$q_1^* = q_0^*$，即可得 $\pi_s(Q^*) = \pi_s'(Q_0^*)$。$\pi_s(Q^*) - \pi_s'(Q_0^*)$ 关于 w 求解一阶导数可推出 $\dfrac{\mathrm{d}\pi_s(Q^*)}{\mathrm{d}w}\bigg|_{w=w_0} - \dfrac{\mathrm{d}\pi_s'(Q_0^*)}{\mathrm{d}w}\bigg|_{w=w_0} = q_1^* + (o + e - w)(\eta - 1)\dfrac{\mathrm{d}q_1^*}{\mathrm{d}w} + [h - c - (h - v)F(Q^*)]\dfrac{\mathrm{d}Q^*}{\mathrm{d}w} - q_0^* - (w - c)\dfrac{\mathrm{d}q_0^*}{\mathrm{d}w}$。根据命题 5-4，当 $Q' \leqslant q_1^*$ 时，则 $Q^* = q_1^*$ 和 $F(Q') = \dfrac{h-c}{h-v} \leqslant F(Q^*)$，即 $[h - c - (h - v)F(Q^*)]\dfrac{\mathrm{d}Q^*}{\mathrm{d}w} > 0$。当 $q_1^* < Q' \leqslant q^*$ 时，则 $Q^* = Q'$，即 $[(h-c) - (h-v)F(Q^*)]\dfrac{\mathrm{d}Q^*}{\mathrm{d}w} = 0$。当 $q^* < Q'$ 时，则 $Q^* = q^*$，即 $[(h-c) - (h-v)F(Q^*)]\dfrac{\mathrm{d}Q^*}{\mathrm{d}w} = 0$。因此 $[(h-c) - (h-v)F(Q^*)]\dfrac{\mathrm{d}Q^*}{\mathrm{d}w} \geqslant 0$。因为 $\dfrac{\mathrm{d}q_1^*}{\mathrm{d}w} < 0$ 和 $\dfrac{\mathrm{d}q_0^*}{\mathrm{d}w} < 0$，则 $(\eta - 1)\dfrac{\mathrm{d}q_1^*}{\mathrm{d}w} > 0$ 和 $-(w - c)\dfrac{\mathrm{d}q_0^*}{\mathrm{d}w} > 0$，可推出 $\dfrac{\mathrm{d}\pi_s(Q^*)}{\mathrm{d}w}\bigg|_{w=w_0} - \dfrac{\mathrm{d}\pi_s(Q_0^*)}{\mathrm{d}w}\bigg|_{w=w_0} > 0$。因为 $w > w_0$，则 $\pi_s(Q^*) > \pi_s(Q_0^*)$。

命题 5-8 和命题 5-9 表明在碳税政策下，引入双向期权合同能同时使零售商最优的条件风险价值和生产商最优的期望收益都获得提高，即达到双赢的结果。因为 $\mathrm{CVaR}_\eta(\pi_r(X, q_1^*, q_2^*)) + \pi_s(Q^*) > \mathrm{CVaR}_\eta(\pi_r(X, q_0^*)) + \pi_s(Q_0^*)$，进一步说明引入双向期权合同能提高供应链性能。特别当零售商是风险中性时或者不考虑碳税时，上述结论仍然成立。

5.6 数值试验

本节以宝钢钢材生产和销售为例，宝钢是课题组多个研究项目的合作单位。通过多次实地调研宝钢和其分销商，就研究的模型和参数咨询相关人员，获得了下列相关试验数据，$p = 5\,000$ 元/t，$w = 2\,800$ 元/t，$c = 1\,500$ 元/t，$v = 1\,000$ 元/t 和 $\mu = 200$ 百 t/天。事实上，上述数据也广泛地被相关文献 [157-158] 使用。此外，$\tau = 100$ 元/t 来自 Liu 和 Gao[159]。不失一般性，本节在模型假设的基础上，设 $e = 4\,000$ 元/t。钢铁产品需求服从正态分布 (μ, σ^2)。通过以上数据的算例分析说明碳税政策和风险厌恶程度对最优订购量的影响,进一步证实引入期权合同对决策者最优决策的影响。

为了分析风险厌恶程度和需求变化水平(标准差)对最优固定订购量 q_1^* 和总的购买量 q^* 的影响,固定 $\tau=100$ 和 $o=400$,考虑三种不同的标准差:$\sigma=75$,$\sigma=50$ 和 $\sigma=25$,并将 η 从 0.1 递增到 1,步长为 0.1。图 5-2 描述了不同风险厌恶程度和需求变化水平下的最优订购量。该图表明风险厌恶的零售商最优固定订购量和总的购买量分别都小于风险中性的零售商,并且分别都随风险厌恶系数的增大而增大。这个结果与命题 5-2 一致。从该图可以看出,零售商最优固定订购量和总的购买量关于 σ 的变化是复杂的,可能单增、单减或者保持恒定不变。这个结果与推论 5-2(1)一致。从图上还可以观察到随标准差的增加,q_1^* 与 q^* 之间的差异增大,这表明 q_2^* 关于 σ 是严格单调递增的。此外,随标准差的增加,q_1^* 和 q^* 的曲线都明显变得更陡峭,这说明风险厌恶程度的影响更显著。

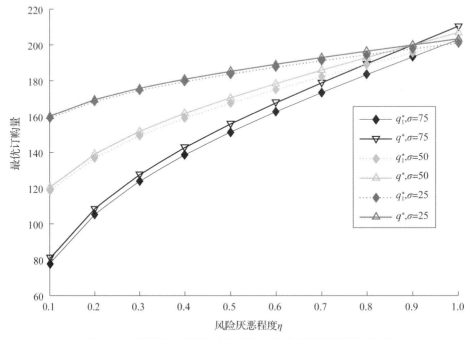

图 5-2 不同风险厌恶程度和需求变化水平下的最优订购量

为了研究碳税政策对最优订购量的影响，固定 $o=400$，$\sigma=25$ 和 $\eta=0.7$，并将 τ 从 0 递增到 100，步长为 5。图 5-3 说明了在不同碳税政策下，引入期权合同和无期权合同两种情况下的零售商最优订购决策之间的关系。由图 5-3 可知，引入看涨期权合同的零售商最优的固定订购量 q_1^*、总的订购量 q^* 和无看涨期权合同的零售商最优的订购量 q_0^* 关于 τ 都是严格单减的函数。这个结果与命题 5-3 一致。该图还表明在不同的碳税政策下 $q^*>q_0^*$，但是 $q_1^*<q_0^*$。这个结果与命题 5-7 一致。此外，从图上可以观察到 q^* 关于 τ 的变化最显著，q_1^* 关于 τ 的变化最不显著，q_0^* 关于 τ 的变化居于两者之间。这个结果表明引入看涨期权合同能减弱碳税对固定订购量的影响，增强碳税对期权购买量的影响，而期权执行量与实现需求相关，从而降低了碳排放量。

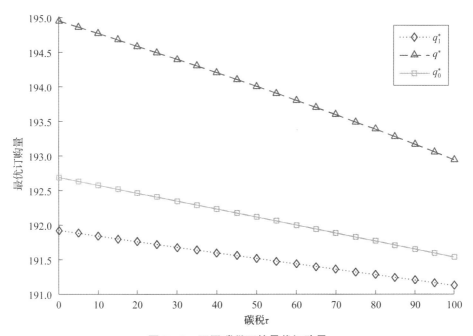

图 5-3 不同碳税下的最优订购量

为了研究期权价格对零售商最优订购量的影响，分别固定 $\tau=100$，$\sigma=25$ 和 $\eta=0.7$，并将 o 从 300 递增到 400，步长为 5。图 5-4 描述了引入看涨期权合同下零售商最优的固定订购量 q_1^* 关于 o 是严格单调上升的函数，总的订购量 q^* 关于 o 是严格下降的函数，这与推论 5-1 一致，但是上升的速度明显低于下降的速度。这是因为期权价格上升时,零售商总的购买成本上升,因此零售商会降低总的订购量。该图也表明在不同的期权价格下 $q^* > q_0^*$,但是 $q_1^* < q_0^*$。这个结果与命题 5-7 一致。从图中还可以观察出,随着期权价格的增加,q^*,q_1^* 和 q_0^* 趋向于一致。这个结果强调存在一个阈值,只有当期权价格小于这个阈值时,零售商才会购买期权合同。这与本书对期权价格的规定相一致。

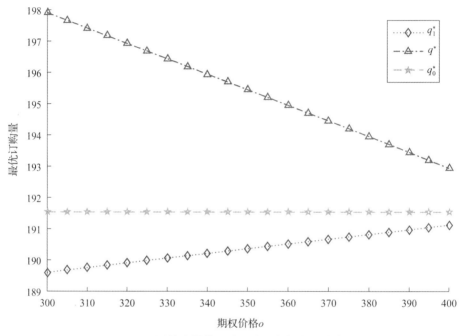

图 5-4 零售商最优订购量关于期权价格的变化

5.7 本章小结

本章用条件风险价值刻画风险厌恶,以钢铁的生产、订购和销售为研究对象,分析了碳税政策下基于看涨期权契约和 CVaR 准则的钢铁供应链决策问题。

首先研究了基于碳税政策和看涨期权合同,风险厌恶零售商的订购模型。在碳税政策下,零售商收益的条件风险价值关于固定订购量和期权购买量是联合的凹函数,因此最优解存在。进一步地,零售商最优固定的订购量和总的订购量关于风险厌恶程度和碳税都是严格递减的。此外,零售商最优总的订购量关于固定订购的批发价格是恒定不变的，而关于期权价格和执行价格都是严格单减的。还研究了基于碳税政策和看涨期权合同，风险中性生产商的生产模型。通过模型求解，给出了生产商最优的生产量是一个区间，受零售商订购策略和碳税政策的影响。此外，我们发现引入看涨期权合同下，生产商的最优期望收益关于批发价格是严格单增的函数。

然后研究了引入看涨期权合同对供应链决策的影响。考虑了无看涨期权合同时的基础模型，通过模型比较发现引入看涨期权合同能增加零售商总的订购量，而同时减少零售商固定订购量。进一步，在碳税政策下，当引入看涨期权合同时，零售商最优的条件风险价值和生产商最优的期望收益都获得提高，即达到双赢的结果。证明了引入看涨期权合同能提高供应链性能。

最后以宝钢钢材生产、订购和销售为例，说明了碳税政策和风险厌恶程度对最优订购量的影响，进一步证实引入看涨期权合同对决策者最优决策的影响。

第6章 总结与展望

6.1 全书总结

随着科技快速发展、市场环境灵活多变和产品更新加快，产品需求变得越来越不确定。为了应对需求不确定性带来的库存风险，本书考虑引入期权合同作为风险对冲工具，研究了随机环境下的基于不同期权合同（看涨期权、看跌期权和双向期权）的库存问题。

本书主要研究成果如下。

（1）运用两阶段模型研究了基于看涨期权契约的带有服务水平约束和需求更新的库存问题。

采用逆序分析法研究了零售商两阶段最优的订购策略，研究发现存在一个服务水平临界值，当服务水平低于临界值时，第一阶段最优的固定订购量和第二阶段最优的期权购买量与服务水平均无关，只与市场信号有关，此时存在一个与服务水平无关的关键信号，当市场信号低于关键信号时，零售商将不购买期权，否则，期权购买量随关键信号的升高而增大；当服务水平约束高于临界值，最优的固定订购量和期权购买量与服务水平和市场信号都有关，都随服务水平的升高而增加，此时存在一个随服务水平升高而升高的关键信号，当市场信号低于此关键信号时，零售商不购买期权，否则，期权购买量随关键信号和服务水平的提升而增大。此外，我们还发现零售商最优的期望收益关于服务水平是单调不增的函数。

研究了两种市场信号的特殊情况：无价值信息情况和完美信息情况，并给出了两种情况下零售商两阶段最优的订购策略。

最后通过数值试验说明了服务水平和市场信息准确性对第一阶段最优固定订购量的影响，当低服务水平时，零售商第一阶段最优固定订购量是随相关系数的增加而减少；当高服务水平时，零售商第一阶段最优固定订购量是随相关系数的增加先增加后逐渐减少。

（2）运用动态规划研究了基于双重期权契约和需求更新的两阶段库存问题。

针对第一阶段初始固定订购量已经超过需求信息更新后的需求量的情形，研究了基于双重期权契约和需求更新的库存模型。采用动态规划方法研究了零售商两阶段最优的订购策略，研究发现零售商购买看涨期权时，存在 3 个关键信号，用来确定是否进行第二阶段紧急订购、是否执行看涨期权，以及是否执行看跌期权；不购买看涨期权时，存在一个关键信号，当市场信号高于关键信号时，在第二阶段进行紧急订购，当市场信号低于关键信号时，在第二阶段执行看跌期权退货。

研究了无价值信息情况和完美信息情况。无价值信息情况下，零售商只在第一阶段进行固定订购。完美信息情况下，零售商两阶段最优的订购策略受期权价格和市场信号联合影响。

最后通过数值试验说明了市场信息准确性对第一阶段最优固定订购量的影响，当不购买看涨期权时，零售商第一阶段最优固定订购量是随相关系数的增加而减少；当购买看涨期权时，零售商第一阶段最优总的订购量是随相关系数的增加先增加后减少。

（3）研究了基于双向期权契约和 CVaR 准则的带有服务水平约束的供应链决策问题。

研究了无双向期权合同的基础模型和引入双向期权合同的扩展模型。两种模型下，本书给出了风险厌恶零售商最优的订购策略都是一个区间，且受风险厌恶程度和服务水平的影响。扩展模型下与基础模型下不同，风险中性生产商最优的生产量不是一个固定值，而是一个区间，且受零售商订购策略的影响。

通过比较两种结果，发现引入期权合同风险厌恶的零售商最大的购买量和最高服务水平都不会减少或降低，且零售商最优的条件风险价值和生产商最优的期望收益都获得提高，证明了引入双向期权合同能提高供应链性能。此外，两种模型下，零售商最优的条件风险价值都是关于服务水平单调不增的函数，而生产商最优的期望收益都是关于服务水平单调不减的函数。

最后研究了供应链协调，研究发现供应链协调的条件与市场需求分布无关，生产商可以通过调整固定订购的单位价格灵活分配供应链系统收益。

（4）研究了基于看涨期权契约和 CVaR 准则的低碳化供应链决策问题。

在碳税政策下，研究了零售商最优的订购策略和生产商最优的生产策略，发现零售商最优固定的订购量和总的订购量关于风险厌恶程度和碳税都是严格递减的，生产商最优的生产量是一个区间，且受零售商订购策略和碳税政策的影响。此外，生产商的最优期望收益关于批发价格是严格单增的函数。

通过比较两种结果，发现引入期权合同能增加零售商总的订购量，降低零售商固定订购量和碳排放量。进一步发现引入双向期权合同时，零售商最优的条件风险价值和生产商最优的期望收益都获得提高。此外，证明了引入双向期权合同时，生产商可以通过调整固定订购的单位价格灵活分配供应链系统收益。

以宝钢钢材生产、订购和销售为例，通过数值试验说明了看涨期权、碳税政策和风险厌恶程度对最优订购量的影响，进一步证实引入期权合同对决策者最优决策的影响。

6.2 研究展望

本书基于期权契约研究了随机环境下的库存问题，虽然得到了一些结论，但是在某些方面还需进一步完善和提高。在本书的基础上，可以从以下几方面开展研究。

（1）本书假设决策者是风险中性的，利用两阶段模型研究了基于期权契约和需求更新的库存管理问题。但在实际中，决策者可能是风险厌恶的。考虑决策者具有风险厌恶性，研究上述库存问题将更有实际意义。

（2）本书用 CVaR 准则研究了引入期权契约的供应链成员决策问题，但没有考虑供应商可能也是风险厌恶的情况，以及缺货惩罚成本的情况，这些情况下的上述决策问题值得进一步的研究。

（3）本书的研究没有考虑随机产量和提前期不确定性。未来可以研究提前期不确定的基于期权契约和需求更新的库存管理问题，以及随机需求与随机产量下基于期权契约和 CVaR 准则的供应链决策问题。

（4）本书的研究没有考虑多周期库存问题和多级库存问题。未来研究引入期权合同的多周期库存问题或多级库存问题模型，基于 CVaR 准则对其进行分析和优化。在此模型研究的基础上，进一步分析具有随机需求和随机产量的库存模型。这类模型分析非常困难，需要智能优化算法求解。

参考文献

[1] 马士华,林勇. 供应链管理[M]. 3版. 北京:高等教育出版社,2010.

[2] LI X, LI Y, CAI X. Double marginalization and coordination in the supply chain with uncertain supply [J]. European journal of operational research, 2013, 226(2):228-236.

[3] LEE H L, PADMANABHAN V, WHANG S. Information distortion in a supply chain: the bullwhip effect [J]. Management science, 2004, 50(12 supplement):1875-1886.

[4] BARNES-SCHUSTER D, BASSOK Y, ANUPINDI R. Coordination and flexibility in supply contracts with options [J]. Manufacturing & service operations management, 2002, 4(3):171-207.

[5] NORRMAN A, JANSSON U. Ericsson's proactive supply chain risk management approach after a serious sub-supplier accident [J]. International journal of physical distribution & logistics management, 2004, 34(5):434-456.

[6] GOMEZ PADILLA A, MISHINA T. Supply contract with options [J]. International journal of production economics, 2009, 122(1):312-318.

[7] CHANG C. Semiconductor contract manufacturing [R]. SCMS-WWFR-9601, Dataquest Corporation, 1996.

[8] NAGALI V, HWANG J, SANGHERA D, et al. Procurement risk management (PRM) at Hewlett-Packard company [J]. Interfaces, 2008, 38(1):51-60.

[9] WANG C, CHEN X. Optimal ordering policy for a price-setting newsvendor with option contracts under demand uncertainty [J]. International journal of production research, 2015, 53 (20): 6279-6293.

[10] CHEN X, WAN N N, WANG X J. Flexibility and coordination in a supply chain with bidirectional option contracts and service requirement [J]. International journal of production economics, 2017, 193: 183-192.

[11] WANG C, CHEN X. Option pricing and coordination in the fresh produce supply chain with portfolio contracts [J]. Annals of operations research, 2017, 248 (1-2): 471-491.

[12] REN Z J, COHEN M A, HO T H, et al. Information sharing in a long-term supply chain relationship: the role of customer review strategy [J]. Operations research, 2010, 58 (1): 81-93.

[13] HAKSÖZ Ç, SIMSEK K D. Modeling breach of contract risk through bundled options [J]. Journal of operational risk, 2010, 5 (3): 3-20.

[14] COLE J. Boeing surplus lot filling up [N]. The Seattle times, 1998-11-17.

[15] BÖCKEM S, SCHILLER U. Option contracts in supply chains [J]. Journal of economics & management strategy, 2008, 17 (1): 219-245.

[16] BROADIE M, DETEMPLE J B. Anniversary article: option pricing: valuation models and applications [J]. Management science, 2004, 50 (9): 1145-1177.

[17] BURNETAS A, RITCHKEN P. Option pricing with downward-sloping demand curves: the case of supply chain options [J]. Management science, 2005, 51 (4): 566-580.

[18] MARGRABE W. The value of an option to exchange one asset for another [J]. The journal of finance, 1978, 33 (1): 177-186.

[19] RUBINSTEIN M. A simple formula for the expected rate of return of an option over a finite holding period [J]. The journal of finance, 1984, 39 (5): 1503-1509.

[20] BARONE-ADESI G, WHALEY R E. Efficient analytic approximation of American option values [J]. The journal of finance, 1987, 42 (2): 301-320.

[21] BROADIE M, DETEMPLE J. American option valuation: new bounds, approximations, and a comparison of existing methods [J]. The review of financial studies, 1996, 9 (4): 1211-1250.

[22] MERTON R C, et al. The relationship between put and call option prices: comment [J]. The journal of finance, 1973, 28 (1): 183-184.

[23] MACBETH J D, MERVILLE L J. An empirical examination of the Black-Scholes call option pricing model [J]. The journal of finance, 1979, 34 (5): 1173-1186.

[24] GESKE R, JOHNSON H E. The American put option valued analytically [J]. The journal of finance, 1984, 39 (5): 1511-1524.

[25] BALL C A, TOROUS W N. On jumps in common stock prices and their impact on call option pricing [J]. The journal of finance, 1985, 40 (1): 155-173.

[26] KLEINDORFER P R, WU D J. Integrating long- and short-term contracting via business-to-business exchanges for capital-intensive industries [J]. Management science, 2003, 49 (11): 1597-1615.

[27] JÖRNSTEN K, NONAS S L, SANDAL L, et al. Transfer of risk in the newsvendor model with discrete demand [J]. Omega, 2012, 40 (3): 404-414.

[28] LEE C Y, LI X, XIE Y. Procurement risk management using capacitated option contracts with fixed ordering costs [J]. IIE transactions, 2013, 45 (8): 845-864.

[29] LEE C Y, LI X, YU M. The loss-averse newsvendor problem with supply options [J]. Naval research logistics (NRL), 2015, 62 (1): 46-59.

[30] INDERFURTH K, KELLE P, KLEBER R. Dual sourcing using capacity reservation and spot market: optimal procurement policy and heuristic parameter determination [J]. European journal of operational research, 2013, 225 (2): 298-309.

[31] FU Q, ZHOU S X, CHAO X, et al. Combined pricing and portfolio option procurement [J]. Production and operations management, 2012, 21 (2): 361-377.

[32] LIANG L, WANG X, GAO J. An option contract pricing model of relief material supply chain [J]. Omega, 2012, 40 (5): 594-600.

[33] XU H. Managing production and procurement through option contracts in supply chains with random yield [J]. International journal of production economics, 2010, 126 (2): 306-313.

[34] ZHAO Y, YANG L, CHENG T, et al. A value-based approach to option pricing: the case of supply chain options [J]. International journal of production economics, 2013, 143 (1): 171-177.

[35] SPINLER S, HUCHZERMEIER A. The valuation of options on capacity with cost and demand uncertainty [J]. European journal of operational research, 2006, 171 (3): 915-934.

[36] WU D J, KLEINDORFER P R, ZHANG J E. Optimal bidding and contracting strategies for capitalintensive goods [J]. European journal of operational research, 2002, 137 (3): 657-676.

[37] PEI P P E, SIMCHI-LEVI D, TUNCA T I. Sourcing flexibility, spot trading, and procurement contract structure [J]. Operations research, 2011, 59 (3): 578-601.

[38] SPINLER S, HUCHZERMEIER A, KLEINDORFER P. Risk hedging via options contracts for physical delivery [J]. OR spectrum, 2003, 25 (3): 379-395.

[39] ZHAO Y, WANG S, CHENG T E, et al. Coordination of supply chains by option contracts: a cooperative game theory approach [J]. European journal of operational research, 2010, 207 (2): 668-675.

[40] LUO J, CHEN X. Risk hedging via option contracts in a random yield supply chain [J]. Annals of operations research, 2017, 257 (1-2): 697-719.

[41] WANG C, CHEN X. Option contracts in fresh produce supply chain with circula-

tion loss [J]. Journal of industrial engineering and management (JIEM), 2013, 6 (1): 104-112.

[42] CHEN X, HAO G, LI L. Channel coordination with a loss-averse retailer and option contracts [J]. International journal of production economics, 2014, 150: 52-57.

[43] JÖRNSTEN K, NONÅS S L, SANDAL L, et al. Mixed contracts for the newsvendor problem with real options and discrete demand [J]. Omega, 2013, 41 (5): 809-819.

[44] FU Q, LEE C Y, TEO C P. Procurement management using option contracts: random spot price and the portfolio effect [J]. IIE transactions, 2010, 42 (11): 793-811.

[45] MARTINEZ-DE-ALBENIZ V, SIMCHI-LEVI D. A portfolio approach to procurement contracts [J]. Production and operations management, 2005, 14 (1): 90-114.

[46] FENG Y, MU Y, HU B, et al. Commodity options purchasing and credit financing under capital constraint [J]. International journal of production economics, 2014, 153: 230-237.

[47] CHUNG Y T, ERHUN F. Designing supply contracts for perishable goods with two periods of shelf life [J]. IIE transactions, 2013, 45 (1): 53-67.

[48] HU F, LIM C C, LU Z. Optimal production and procurement decisions in a supply chain with an option contract and partial backordering under uncertainties [J]. Applied mathematics and computation, 2014, 232: 1225-1234.

[49] WU D J, KLEINDORFER P R. Competitive options, supply contracting, and electronic markets [J]. Management science, 2005, 51 (3): 452-466.

[50] WANG X, LIU L. Coordination in a retailer-led supply chain through option contract [J]. International journal of production economics, 2007, 110 (1-2): 115-127.

[51] CACHON G P, KÖK A G. Competing manufacturers in a retail supply chain: on

contractual form and coordination [J]. Management science, 2010, 56 (3): 571-589.

[52] WEE H M, WANG W T. Supply chain coordination for short-life-cycle products with option contract and partial backorders [J]. European journal of industrial engineering, 2013, 7 (1): 78-99.

[53] NOSOOHI I, NOOKABADI A S. Designing a supply contract to coordinate supplier's production, considering customer oriented production [J]. Computers & industrial engineering, 2014, 74: 26-36.

[54] LIU Z, CHEN L, LI L, et al. Risk hedging in a supply chain: option vs price discount [J]. International journal of production economics, 2014, 151: 112-120.

[55] CHEN X, SHEN Z J. An analysis of a supply chain with options contracts and service requirements [J]. IIE transactions, 2012, 44 (10): 805-819.

[56] ARANI H V, RABBANI M, RAFIEI H. A revenue-sharing option contract toward coordination of supply chains [J]. International journal of production economics, 2016, 178: 42-56.

[57] XIA Y, RAMACHANDRAN K, GURNANI H. Sharing demand and supply risk in a supply chain [J]. IIE transactions, 2011, 43 (6): 451-469.

[58] XU N, NOZICK L. Modeling supplier selection and the use of option contracts for global supply chain design [J]. Computers & operations research, 2009, 36 (10): 2786-2800.

[59] LI H, RITCHKEN P, WANG Y. Option and forward contracting with asymmetric information: valuation issues in supply chains [J]. European journal of operational research, 2009, 197 (1): 134-148.

[60] FANG F, WHINSTON A. Option contracts and capacity management enabling price discrimination under demand uncertainty [J]. Production and operations management, 2007, 16 (1): 125-137.

[61] WANG Q, CHU B, WANG J, et al. Risk analysis of supply contract with call

options for buyers [J]. International journal of production economics, 2012, 139 (1): 97 – 105.

[62] LIU C, JIANG Z, LIU L, et al. Solutions for flexible container leasing contracts with options under capacity and order constraints [J]. International journal of production economics, 2013, 141 (1): 403 – 413.

[63] NOSOOHI I, NOOKABADI A S. Outsource planning through option contracts with demand and cost uncertainty [J]. European journal of operational research, 2016, 250 (1): 131 – 142.

[64] CHEN F, PARLAR M. Value of a put option to the risk – averse newsvendor [J]. IIE transactions, 2007, 39 (5): 481 – 500.

[65] XUE W, MA L, SHEN H. Optimal inventory and hedging decisions with CVaR consideration [J]. International journal of production economics, 2015, 162: 70 – 82.

[66] WANG C, CHEN X. Joint order and pricing decisions for fresh produce with put option contracts [J]. Journal of the Operational Research Society, 2018, 69 (3): 474 – 484.

[67] MOON Y, KWON C. Online advertisement service pricing and an option contract [J]. Electronic commerce research and applications, 2011, 10 (1): 38 – 48.

[68] CHENG F, ETTL M, LIN G Y, et al. Flexible supply contracts via options [R]. IBM TJ Watson Research Center working paper, 2003.

[69] DE TREVILLE S, SCHÜRHOFF N, TRIGEORGIS L, et al. Optimal sourcing and lead – time reduction under evolutionary demand risk [J]. Production and operations management, 2014, 23 (12): 2103 – 2117.

[70] CHEN X, LUO J, WANG X, et al. Supply chain risk management considering put options and service level constraints [J]. Computers & industrial engineering, 2019, 140 (3): 106228.

[71] WANG Q, TSAO D B. Supply contract with bidirectional options: the buyer's perspective [J]. International journal of production economics, 2006,

101(1): 30-52.

[72] WANG C, WANG L. Fresh produce retailer's optimal ordering policies with bidirectional options [J]. Advances in information sciences and service sciences, 2013, 5(10): 397.

[73] MILNER J M, ROSENBLATT M J. Flexible supply contracts for short life-cycle goods: the buyer's perspective [J]. Naval research logistics (NRL), 2002, 49(1): 25-45.

[74] WANG C, CHEN J, CHEN X. The impact of customer returns and bidirectional option contract on refund price and order decisions [J]. European journal of operational research, 2019, 274(1): 267-279.

[75] HU B Y, WANG X Y, PENG Q Y. Comparison analysis on flexible supply contracts between unilateral options and bidirectional options [J]. Chinese journal of management science, 2007, 15(6): 92-97.

[76] ZHAO Y, MA L, XIE G, et al. Coordination of supply chains with bidirectional option contracts [J]. European journal of operational research, 2013, 229(2): 375-381.

[77] CHEN X, WAN N, WANG X. Flexibility and coordination in a supply chain with bidirectional option contracts and service requirement [J]. International journal of production economics, 2017, 193: 183-192.

[78] YANG L, TANG R, CHEN K. Call, put and bidirectional option contracts in agricultural supply chains with sales effort [J]. Applied mathematical modelling, 2017, 47: 1-16.

[79] MURRAY JR G R, SILVER E A. A Bayesian analysis of the style goods inventory problem [J]. Management science, 1966, 12(11): 785-797.

[80] CHOI T M, LI D, YAN H. Optimal two-stage ordering policy with Bayesian information updating [J]. Journal of the Operational Research Society, 2003, 54(8): 846-859.

[81] CHOI T M J, LI D, YAN H. Quick response policy with Bayesian information

updates [J]. European journal of operational research, 2006, 170 (3): 788-808.

[82] LOVEJOY W S. Myopic policies for some inventory models with uncertain demand distributions [J]. Management science, 1990, 36 (6): 724-738.

[83] SETHI S P, YAN H, ZHANG H, et al. A supply chain with a service requirement for each market signal [J]. Production and operations management, 2007, 16 (3): 322-342.

[84] WU J. Quantity flexibility contracts under Bayesian updating [J]. Computers & operations research, 2005, 32 (5): 1267-1288.

[85] ZHANG J, SHOU B, CHEN J. Postponed product differentiation with demand information update [J]. International journal of production economics, 2013, 141 (2): 529-540.

[86] YAN H, LIU K, HSU A. Optimal ordering in a dual-supplier system with demand forecast updates [J]. Production and operations management, 2003, 12 (1): 30-45.

[87] MILTENBURG J, PONG H. Order quantities for style goods with two order opportunities and Bayesian updating of demand. Part Ⅰ: no capacity constraints [J]. International journal of production research, 2007, 45 (7): 1643-1663.

[88] MILTENBURG J, PONG H. Order quantities for style goods with two order opportunities and Bayesian updating of demand. Part Ⅱ: capacity constraints [J]. International journal of production research, 2007, 45 (8): 1707-1723.

[89] CHOI T M. Pre-season stocking and pricing decisions for fashion retailers with multiple information updating [J]. International journal of production economics, 2007, 106 (1): 146-170.

[90] SEREL D A. Optimal ordering and pricing in a quick response system [J]. International journal of production economics, 2009, 121 (2): 700-714.

[91] SETHI S, YAN H, ZHANG H, et al. Information updated supply chain with service-level constraints [J]. Journal of industrial and management optimiza-

tion, 2005, 1 (4): 513 -531.

[92] WANG T, ATASU A, KURTULUS M. A multiordering newsvendor model with dynamic forecast evolution [J]. Manufacturing & service operations management, 2012, 14 (3): 472 -484.

[93] OH S, ÖZER Ö. Mechanism design for capacity planning under dynamic evolutions of asymmetric demand forecasts [J]. Management science, 2013, 59 (4): 987 -1007.

[94] SONG H M, YANG H, BENSOUSSAN A, et al. Optimal decision making in multi-product dual sourcing procurement with demand forecast updating [J]. Computers & operations research, 2014, 41: 299 -308.

[95] MA L, ZHAO Y, XUE W, et al. Loss-averse newsvendor model with two ordering opportunities and market information updating [J]. International journal of production economics, 2012, 140 (2): 912 -921.

[96] YAN X, WANG Y. A newsvendor model with capital constraint and demand forecast update [J]. International journal of production research, 2014, 52 (17): 5021 -5040.

[97] BUZACOTT J, YAN H, ZHANG H. Risk analysis of commitment-option contracts with forecast updates [J]. IIE transactions, 2011, 43 (6): 415 -431.

[98] DONOHUE K L. Efficient supply contracts for fashion goods with forecast updating and two production modes [J]. Management science, 2000, 46 (11): 1397 - 1411.

[99] CHEN H, CHEN J, CHEN Y F. A coordination mechanism for a supply chain with demand information updating [J]. International journal of production economics, 2006, 103 (1): 347 -361.

[100] GURNANI H, TANG C S. Note: optimal ordering decisions with uncertain cost and demand forecast updating [J]. Management science, 1999, 45 (10): 1456 -1462.

[101] CHEN H, CHEN Y F, CHIU C H, et al. Coordination mechanism for the sup-

ply chain with leadtime consideration and price – dependent demand [J]. European journal of operational research, 2010, 203 (1): 70 – 80.

[102] WANG S D, ZHOU Y W, WANG J P. Coordinating ordering, pricing and advertising policies for a supply chain with random demand and two production modes [J]. International journal of production economics, 2010, 126 (2): 168 – 180.

[103] ÖZEN U, SOŠIIĆ G, SLIKKER M. A collaborative decentralized distribution system with demand forecast updates [J]. European journal of operational research, 2012, 216 (3): 573 – 583.

[104] LIU W, XIE D, LIU Y, et al. Service capability procurement decision in logistics service supply chain: a research under demand updating and quality guarantee [J]. International journal of production research, 2015, 53 (2): 488 – 510.

[105] CHEAITOU A, CHEAYTOU R. A two – stage capacity reservation supply contract with risky supplier and forecast updating [J]. International journal of production economics, 2019, 209: 42 – 60.

[106] FISHER M, RAMAN A. Reducing the cost of demand uncertainty through accurate response to early sales [J]. Operations research, 1996, 44 (1): 87 – 99.

[107] LAU H S, LAU A H L. Reordering strategies for a newsboy – type product [J]. European journal of operational research, 1997, 103 (3): 557 – 572.

[108] IYER A V, BERGEN M E. Quick response in manufacturer – retailer channels [J]. Management science, 1997, 43 (4): 559 – 570.

[109] GILBERT S M, BALLOU R H. Supply chain benefits from advanced customer commitments [J]. Journal of operations management, 1999, 18 (1): 61 – 73.

[110] GALLEGO G, ÖZER Ö. Integrating replenishment decisions with advance demand information [J]. Management science, 2001, 47 (10): 1344 – 1360.

[111] CHOI T M, LI D, YAN H. Optimal single ordering policy with multiple delivery

modes and Bayesian information updates [J]. Computers & operations research, 2004, 31 (12): 1965 – 1984.

[112] ERHUN F, KESKINOCAK P, TAYUR S. Dynamic procurement in a capacitated supply chain facing uncertain demand [J]. IIE transactions, 2008, 40 (8): 733 – 748.

[113] TEUNTER R H, SYNTETOS A A, BABAI M Z. Intermittent demand: linking forecasting to inventory obsolescence [J]. European journal of operational research, 2011, 214 (3): 606 – 615.

[114] BOULAKSIL Y. Safety stock placement in supply chains with demand forecast updates [J]. Operations research perspectives, 2016, 3: 27 – 31.

[115] CHEN J, XU L. Coordination of the supply chain of seasonal products [J]. IEEE transactions on systems, man, and cybernetics – Part A: systems and humans, 2001, 31 (6): 524 – 532.

[116] BENGTSSON J. Pricing and coordination of supply chains under limited return: the one – period case [R]. Department of Production Economics, Linkoping, 2003.

[117] WENG Z K. Coordinating order quantities between the manufacturer and the buyer: a generalized newsvendor model [J]. European journal of operational research, 2004, 156 (1): 148 – 161.

[118] ZHOU Y W, WANG S D. Manufacturer – buyer coordination for newsvendor – type – products with two ordering opportunities and partial backorders [J]. European journal of operational research, 2009, 198 (3): 958 – 974.

[119] ZHOU Y, LI D H. Coordinating order quantity decisions in the supply chain contract under random demand [J]. Applied mathematical modelling, 2007, 31 (6): 1029 – 1038.

[120] ÖZER Ö, UNCN O, WEI W. Selling to the "newsvendor" with a forecast update: analysis of a dual purchase contract [J]. European journal of operational research, 2007, 182 (3): 1150 – 1176.

[121] ZHAO Y, CHOI T M, CHENG T, et al. Supply option contracts with spot market and demand information updating [J]. European journal of operational research, 2018, 266 (3): 1062–1071.

[122] YANG D, XIAO T, CHOI T M, et al. Optimal reservation pricing strategy for a fashion supply chain with forecast update and asymmetric cost information [J]. International journal of production research, 2018, 56 (5): 1960–1981.

[123] BENZION U, COHEN Y, PELED R, et al. Decision-making and the newsvendor problem: an experimental study [J]. Journal of the Operational Research Society, 2008, 59 (9): 1281–1287.

[124] KAHNEMAN D, TVERSKY A. Prospect theory: an analysis of decision under risk [J]. Econometrica, 1979, 47 (2): 363–391.

[125] MARKOWITZ H. Portfolio selection [J]. The journal of finance, 1952, 7 (1): 77–91.

[126] MARKOWITZ H. Portfolio selection: efficient diversification of investments [M]. New York: John Wiley, 1959.

[127] BAUMOL W J. An expected gain-confidence limit criterion for portfolio selection [J]. Management science, 1963, 10 (1): 174–182.

[128] ROCKAFELLAR T, URYASEV S. Conditional value-at-risk for general loss distribution [J]. SSRN electronic journal, 2002, 26 (7): 1443–1471.

[129] CHEN X, SIM M, SIMCHI-LEVI D, et al. Risk aversion in inventory management [J]. Operations research, 2007, 55 (5): 828–842.

[130] CHEN Y, XU M, ZHANG Z G. A risk-averse newsvendor model under the CVaR criterion [J]. Operations research, 2009, 57 (4): 1040–1044.

[131] WU M, ZHU S X, TEUNTER R H. A risk-averse competitive newsvendor problem under the CVaR criterion [J]. International journal of production economics, 2014, 156: 13–23.

[132] DAI J, MENG W. A risk-averse newsvendor model under marketing-dependency and pricedependency [J]. International journal of production economics,

2015, 160: 220 – 229.

[133] GOTOH J Y, TAKANO Y. Newsvendor solutions via conditional value – at – risk minimization [J]. European journal of operational research, 2007, 179 (1): 80 – 96.

[134] XU X S, MENG Z Q, SHEN R, et al. Optimal decisions for the loss – averse newsvendor problem under CVaR [J]. International journal of production economics, 2015, 164: 146 – 159.

[135] XU M, LI J. Optimal decisions when balancing expected profit and conditional value – at – risk in newsvendor models [J]. Journal of systems science and complexity, 2010, 23 (6): 1054 – 1070.

[136] WU M, ZHU S X, TEUNTER R H. Newsvendor problem with random shortage cost under a risk criterion [J]. International journal of production economics, 2013, 145 (2): 790 – 798.

[137] ZHOU Y J, CHEN X H, WANG Z R. Optimal ordering quantities for multi – products with stochastic demand: return – CVaR model [J]. International journal of production economics, 2008, 112 (2): 782 – 795.

[138] HAN Y, ZHAO B, SONG H M. Two – ordering newsvendor based on CVaR decision criteria with information updating [J]. Journal of applied sciences, 2013, 13 (23): 5611 – 5615.

[139] ZHANG D, XU H, WU Y. Single and multi – period optimal inventory control models with riskaverse constraints [J]. European journal of operational research, 2009, 199 (2): 420 – 434.

[140] LUO Z W, WANG J T, CHEN W T. A risk – averse newsvendor model with limited capacity and outsourcing under the CVaR criterion [J]. Journal of systems science and systems engineering, 2015, 24 (1): 49 – 67.

[141] YANG L, XU M, YU G, et al. Supply chain coordination with CVaR criterion [J]. Asia – Pacific journal of operational research, 2009, 26 (1): 135 – 160.

[142] ZHAO H, SONG S, ZHANG Y, et al. Supply chain coordination with a risk – averse retailer and a combined buy – back and revenue sharing contract [J]. Asia – Pacific journal of operational research (APJOR), 2019, 36 (5): 1 – 23.

[143] WU J, WANG S, CHAO X, et al. Impact of risk aversion on optimal decisions in supply contracts [J]. International journal of production economics, 2010, 128 (2): 569 – 576.

[144] ZHAO H, SONG S, ZHANG Y, et al. Optimal decisions of a supply chain with a risk – averse retailer and portfolio contracts [J]. IEEE access, 2019, 7: 123877 – 123892.

[145] WANG L L, WANG R Z. Impact of risk aversion on optimal decisions in supply contracts with bidirectional options [J]. Applied mechanics and materials, 2012, 235: 261 – 266.

[146] LI B, HOU P W, CHEN P, et al. Pricing strategy and coordination in a dual channel supply chain with a risk – averse retailer [J]. International journal of production economics, 2016, 178: 154 – 168.

[147] XIE Y, WANG H, LU H. Coordination of supply chains with a retailer under the mean – CVaR criterion [J]. IEEE transactions on systems, man, and cybernetics: systems, 2016, PP (99): 1 – 15.

[148] CHEN X, SHUM S, SIMCHI – LEVI D. Stable and coordinating contracts for a supply chain with multiple risk – averse suppliers [J]. Production and operations management, 2014, 23 (3): 379 – 392.

[149] HSIEH C C, LU Y T. Manufacturer's return policy in a two – stage supply chain with two risk – averse retailers and random demand [J]. European journal of operational research, 2010, 207 (1): 514 – 523.

[150] ZHOU Y J, CHEN Q, CHEN X H, et al. Stackelberg game of buyback policy in supply chain with a risk – averse retailer and a risk – averse supplier based on CVaR [J]. PLoS one, 2014, 9 (9): e104576.

[151] WANG R, SONG S, WU C. Coordination of supply chain with one supplier and two competing risk – averse retailers under an option contract [J]. Mathematical problems in engineering, 2016 (7): 1 – 11.

[152] CHEN X, HAO G, LI L. Channel coordination with a loss – averse retailer and option contracts [J]. International journal of production economics, 2014, 150 (4): 52 – 57.

[153] ZHUO W, SHAO L, YANG H. Mean – variance analysis of option contracts in a two – echelon supply chain [J]. European journal of operational research, 2018, 271 (2): 537 – 547.

[154] TOPTAL A, ÖZLÜ H, KONUR D. Joint decisions on inventory replenishment and emission reduction investment under different emission regulations [J]. International journal of production research, 2014, 52 (1): 243 – 269.

[155] ZHOU Y, HU F, ZHOU Z. Pricing decisions and social welfare in a supply chain with multiple competing retailers and carbon tax policy [J]. Journal of cleaner production, 2018, 190: 752 – 777.

[156] LU C. The impacts of carbon tax and complementary policies on Chinese economy [J]. Energy policy, 2010, 38 (11): 7278 – 7285.

[157] WANG X, LIN B. How to reduce CO_2 emissions in China's iron and steel industry [J]. Renewable and sustainable energy reviews, 2016, 57: 1496 – 1505.

[158] LIN B, WANG X. Exploring energy efficiency in China's iron and steel industry: a stochastic frontier approach [J]. Energy policy, 2014, 72: 87 – 96.

[159] LIU X, GAO X. A survey analysis of low carbon technology diffusion in China's iron & steel industry [J]. Journal of cleaner production, 2016, 129: 88 – 101.